ある70人のこども

社会福祉法人 大阪誠昭会 著

四国大学短期大学部教授 中村真理子 監修

久下裕二 文 ルノアール兄弟 絵

掲載のエピソードは、個人が特定されないように
名称・場所・時期など、一部変更、編集していますが、
すべて実話を元にしたものです。

はじめに　―子どもの「ヘン」は成長のうち―

好きな人ができて結婚し、心や知識の準備がないままあれよあれよと親になってしまったよ、という方は結構いるんじゃないかな、と思います。そんな方は皆さん一様にしてこんな言葉を口にします。「子どもってどのように育てたらいいんだろう」「私の子育てってこれで本当にあってるのかな」など。周囲と比べて我が子の成長が気にかかり、どこか不安に駆られながら子育てしている方も多いのではないでしょうか。思い起こせばかくいう私も、教育・保育に携わる仕事をしているにも関わらず、生まれて間もない我が子を初めて腕に抱えた二十二年前は同じような心配に襲われたものです。そして、「親の責任」という重圧に押しつぶされそうになっていました。

私のことは置いといて、話をもとに戻しましょう。そんな中で、乳幼児教育・保育の重要性が世界的に叫ばれるようになってきました。かつては経験則で語られることの多い分野でしたが、昨今は頼れるエビデンスが数多く生まれています。そうした科学的根拠に則って、国が示した大きな指針が「幼児期の終わりまでに育ってほしい10の姿」です。

「10の姿」とは簡単に説明すると、保育者が乳幼児期の子どもに提供する

「経験のお品書き」。つまり「小学生になるまでにこんな経験をさせてあげてね。そうすればスクスクと育っていくからね」という一応の方向性を十項目に分けて国が指し示したというわけです。具体的な内訳は①健康な心と体②自立心　③協同性　④道徳性・規範意識の芽生え　⑤社会生活との関わり⑥思考力の芽生え　⑦自然との関わり・生命尊重　⑧数量や図形、標識や文字などへの関心・感覚　⑨言葉による伝え合い　⑩豊かな感性と表現、の以上十項目。本書はそれらを、認定こども園や保育園で実際に起きた出来事を例にとりつつ、楽しく、分かりやすく「通訳」するべく作成されました。

なぜわざわざ「通訳」が必要なのか。それは、正直なところ、その肝心なる「10の姿」が、一般の方にはいささか生真面目かつ専門的に思えるからです。もちろん一昔前の指針や要領と比べると断然分かりやすくなりました。がしかし、それはあくまでも専門家が見ればの話。そして育児の主役は、いつの世も先生ではなく親御《おやご》さんに他なりません。最新の科学的エビデンスに基づいた、せっかくの優れたガイドラインなのに、そしてその子にとって乳幼児期はたった一度きりなのに、専門家の間でしかシェアされず、ご家庭に届かないのはもったいない限りです。

子育てに確かな自信が持てず、「うちの子大丈夫かな……」そんな心配を抱く方の手元に、もし信頼に足る多角的な目安があったなら。「こことここを大事にすればいいのね」とか「なんだ、うちの子、案外大丈夫だわ」とか、そうした航海の途上で羅針盤を確かめるような手応えや安心感が得られるのではないでしょうか。本書はそうした思いで世に送り出される、子育て中の親御さんのための一冊です。

私が理事長を務める社会福祉法人　大阪誠昭会は大阪の中核市である寝屋川市で乳幼児教育・保育に四十年以上携わり、認定こども園などを運営しています。そんな最前線に立つ私たちが、さらに乳幼児教育・保育のエキスパートである四国大学短期大学部の中村真理子教授を監修にお迎えして「10の姿」を咀嚼した「心楽しい通訳本」、それが本書『ある10人のこども』です。難解な指針を愉快な子ども像へと落とし込み、さらに保育現場で直面した実話ベースのエピソードで立体的に肉付けしました。

ジャンルでいえば教育・育児本ということになるのでしょうが、だからといって肩肘はって向き合う必要はありません。気安くペラペラめくっていただき、思い思いのエピソードに笑ったり、驚いたり、膝を打ったりしていただければ。そしてその延長線上で、今抱えている子育ての不安が少しでも解消されれば、これに勝る喜びはありません。私たち大阪誠昭会は「子育ての楽しさを伝えるエンターテイナーになろう！」をビジョンに掲げ、教育・福祉活動を展開しています。ぜひ皆様も一緒に子育てを楽しんでいきましょう！

社会福祉法人　大阪誠昭会　理事長　田中啓昭

もくじ

はじめに　4

1人目　マッスルファーストな熱血男子 ハルくん　12
筋肉願望／眠りのスイッチ／出血アピール／熱唱空間／カバのお口
解説「健康な心と体」

2人目　意識高い系園児 きょうかちゃん　32
お漏らしセンサー／ぎゅーっと／憧れのパンツ／オシャレチョイス／えらいこっちゃ
解説「自立心」

3人目 面倒見チャンピオン たいちゃん 54
四歳のお父さん／ベストフォーメーション／寝かしつけ名人／ドミノの絆／泣かない夕暮れ
解説「協同性」

4人目 悩めるコンプラ幼児 りっちゃん 76
あかんなぁ／優しいヤセ我慢／正しい絶叫／仲裁上手／手は清潔に
解説「道徳性・規範意識の芽生え」

5人目 もじもじオープンハート マーくん 98
デジタルシャイ／グーマイク／アイドル消防士／スパルタドクター／パパが来るまで
解説「社会生活との関わり」

6人目 ヒト型好奇心 のんちゃん 120
未知なる穴を求めて／ゴミ箱ダイバー／なんで返し／静かな圧力／水の不思議
解説「思考力の芽生え」

7人目 お騒がせファーブルがっくん 142
春の日の贈り物／カブトムシ失踪事件／抜け殻ファッション／時空を超えて／グリーンフレンド
解説「自然との関わり・生命尊重」

8人目 しりとり界のトリックスター えいとくん 164
マニアな園児／信号が黄色のとき／気まぐれカウントダウン／ヒコーキのバンソーコー／不思議な数え方
解説「数量や図形、標識や文字などへの関心・感覚」

9人目 暴走コメンテーター チーコちゃん 184
ドロボーのお姉さん／クイズビギナー／全肯定の手紙／初めての会話／無茶褒め
解説「言葉による伝え合い」

10人目 夢想系アーティスト はなちゃん 204
女神に自由を／モノマネチョイス／ちょっと月まで／ありし日の眺め／お絵描き衝動
解説「豊かな感性と表現」

あとがき 226

おもちゃよりも上腕二頭筋が欲しい。

1人目
マッスルファーストな
熱血男子　ハルくん

叶うなら、朝はこども園よりも駅前ジムへ。そんなマッスル願望に燃える若き男がハルくんだ。心身に元気がみなぎりすぎて、お昼寝なんてもったいない！　張り切るがあまり天然気味にポッカリやらかしちゃうときも。もっと鍛えたい、遊びたい。でもまだちょっと、オトナの胸で甘えたい……。

筋肉願望

朝起きたら、布団の上で腕立て伏せモドキをまず五回。ハルくんは、強いヒーローに憧れてムッキムキの肉体を目指す、筋肉ファーストな幼児です。おもちゃの衣装で変身する、なんてインスタントな発想はハルくんにはありません。せっかく身につけるなら、おもちゃよりもリアル筋肉。そうしてガチで変身したい！　かなり強火な憧れなのです。

そんなマッスル願望に目を光らせたのが、いけない先生たちでした。彼の野菜嫌いにちょうど手を焼いていた先生は、ハルくんの小脇にスッと座り、耳より情報をお届けします。

「先生知らなかったよ。筋肉って野菜が大好きなんだって」

続いて別の先生も。

「あの筋肉芸人さん、すごく野菜食べるらしいね」

ハルくんは今、サラダをたいらげては力こぶを作っています。そして、「せんせー、固なったでー！」。それはもう気持ちのいいドヤ顔です。

園長先生の一言

憧れをくすぐってごめんなさい。でも、少しの工夫やきっかけで、苦手な食材も口にできるようになったりします。ヒーローごっこは遊びの定番ですが、筋トレから地道に始める子どもはめずらしい。筋トレが昔より身近になったからでしょうか。

眠りのスイッチ

園児たちの寝かしつけ……そこで先生たちは折れない心を試されます。眠りに落ちる「スイッチ」の場所は子どもによって違うので、肩をトントン、髪をなでなで……。そういうあの手この手をトライせねばなりません。

ここに、人一倍まぶたのガンコな子どもがいます。お昼寝の時間こそますます目を見開くアウトロー、その名はハルくん。ひどく手強い相手です。

今日こそ彼のスイッチを見つけ出す！　先生が繰り出したのは、まずは必殺カニバサミ。元気いっぱいはしゃぐ彼をまるっとホールドします。そして、体のアチコチをさすったり、なでたり、トントンしたり……、スイッチのありかを根気よく捜索です。きゃっきゃ！と甲高い楽しげな声に心くじけないように……。

ここも違う？　あそこもダメ？　粘りに粘って試した結果、ついに見つけたその場所は、なんと「足の裏」でした。足の裏をモミモミするや、全身の力がふわっと抜けて、彼のまぶたはストンと下に落ちたのでした。毛布をかけてあげた後、先生の口から大きく息がこぼれます。ふぅ……、寝つきのクセが強すぎる！

園長先生の一言

体の成長に眠りは不可欠。が、寝つきにも個性があるから一筋縄ではいきません。先生たちの間ではいつも「攻略情報」が飛び交っています。

出血アピール

幼少の頃は、誰もがたっぷり大人に構ってほしいもの。園の看護師さんに駆け寄るや、「頭がいたーい」「お腹がいたーい」と思いきって仮病を装うフトドキモノは決して少なくありません。

甘えんぼうなハルくんもそんな演技派の一人です。が、その日の設定はちょっと思いきりがよすぎてしまいました。

「ねぇせんせー、怪我してん……。おひざからたくさん血が……」

まさかの大量出血アピール！　もちろんすぐにお芝居だと分かります。ひざ小僧は怪我どころかカサブタひとつ見当たりません。

「どれどれ、アレェ？……お怪我、治っちゃったかな？」

「あんな……、本当はセキがいっぱい出んねん」

この期に及んでも別症状でひと粘り……したのはいいけれど、せきこむ様子もありません。

看護師さんはそっと彼を抱き寄せて、頭をなでてあげるのでした。

「そっか、しんどかったね。また怪我したりセキが出たりしたら先生に教えてね」

彼は満足げにうなずいて、園庭に走っていきました。もちろん元気いっぱいに。

園長先生の一言

「自分は愛されている」という確かな実感が、心の健やかな成長には欠かせません。中には、その実感を「思いきった甘え」というカタチで得ようとする子どももいます。ウソはよくないと杓子定規に注意を与えず、まずはその奥の動機を推し量りたいところです。

熱唱空間

一歳の頃のハルくんは、筋金入りのトイレ嫌いで鳴らしていました。

そこで先生は知恵を絞ります。トイレの個室の壁に楽しげな動物のイラストを貼り、さらに歌まで歌うことに。「ぞうさん」「かえるの合唱」「森のくまさん」……。とにかく「トイレ＝楽しい場所」を猛烈にアピールしたわけです。


そんな粘り強いアニマル作戦が功を奏し、やがてトイレ嫌いをキレイさっぱり克服したハルくん。が、その代償は恐るべきものでした。

どうやらハルくんは「トイレ＝歌う場所」だとナナメに覚えこんでしまった模様。その後しばらく先生は、彼がもよおすたびに手を引かれることになりました。そして、トイレの個室は二人の熱き歌声がこだまするカラオケボックスと化したのでした……。

園長先生の一言

トイレで排泄できるようになる、それは体や心が健やかに発達している、めでたい証のひとつです。かわいい園児のためです。張りきって歌うほかないでしょう。

カバのお口

「今日はカバさんのお口ねー」と、先生からみんなにアドバイス。

そうです、大事な歯科検診の日を迎えました。この日までに大きく口を開ける「カバさんの練習」を積んできたので、園児たちはそろって準備万端です。

そんな中でも、輪をかけて張りきっていた

ハルくん。保健室に入って、順番を待つ五メートルほどの列の最後尾に並びます。と、その瞬間、まさかの「アーン！」。担任の先生まで驚きで口が開いた、ハルくんのフライング・カバさんです。

そのままカバ状態で並んでいると、段々アゴがお疲れ様に。肝心の歯医者さんの前に座ったときには口が開かなくなっていました。

園長先生の一言

しっかり歯を診てもらおう！という意気込みゆえのフライング……なのでしょうか。あるいは彼のことですから、アゴの筋トレだったのかもしれません。

アーーーン!

1人目の解説

健康な心と体

子どもは自分の力でやり遂げようと何かに向き合った瞬間、子どもなりに物事の結末を予想し行動しようとします。この章では、先生はハルくんに無理やり食べさせたり、嫌がるトイレに力ずくで座らせたりせず、どうすれば彼が自分の意志で「食べたい」「座りたい」と思えるか、試行錯誤しています。

ハルくんをよく知る先生は、「野菜を食べるとマッチョになれる」という言葉で、本人の望む結末と食をリンクさせ、嫌いな野菜を食べる意欲を促したのでしょう。そんな日々の積み重ねがあれば、ハルくんの言う「筋肉が固くなったー」というのはあながち思い込みではないのかもしれません。

子どもの成育のためと考えると、大人は「食べさせたい」という気持ちが強く働きがち。しかし、無理に食べさせても栄養になりにくいともいわれ、本人が喜びと自信を感じられるように焦らず付き合っていくことが大切です。子どもの健康な心は、周囲の大人の振る舞いによって下支えされるのです。

子どもは多くの体験を積み重ねる過程で大人の予想だにしない行動をと

り、そしてその結果次第でちょっとした心身のケガも経験し、何が安全かということも学んでいきます。身近にいる大人としては、「ちゃんとみているよ」「大丈夫だよ」と、子どもの心が迷子になったときに確かなよりどころとなれるよう手を広げて待っていてあげると、子どもは安心感に満たされます。身近な人の愛情に包まれ、子どもが自分らしくいられるその居場所は、好奇心や意欲を豊かにするパワースポットといえるのではないでしょうか。

そんな風に愛情をあらゆる場面で自分から求めてくるのが「愛され確認」と呼ばれる行為です。エピソード「出血アピール」がまさにそのケースといえるでしょう。愛されているという実感が健やかに生きていく上でのエッセンスとなり、気持ちが満たされれば次の行動への意欲や精神の安定につながります。日常ふいに来る「愛され確認」は、なるべく応えてあげられるよう大人もアンテナを張っておけるといいですね。

「意志」「意欲」を大切にし、心の原動力となるように働きかけていくことこそ、我が子が健やかな成長を遂げる要といえます。周囲の大人も、子どもと楽しく関わり合いを持ち、笑顔あふれる毎日を送っていきましょう。

ねやがわ成美の森こども園　細木香奈子

仲間のお漏らしをホーレンソー。

2人目
意識高い系園児　きょうかちゃん

自称でよければ一人前。自分ならできる。バッチリこなせる。そんな自己評価高めなプライド女子がきょうかちゃんだ。時には友のピンチを救うべく、走る、走る。背伸びしすぎて大失敗もするけれど、ちょっと照れたらまた前のめり。「今、見てた？」。彼女が後ろを振り返ったら、それは褒められ待ちの合図である。

お漏らしセンサー

「せんせー、タカシくん、お漏らししちゃったー！」

何か周囲にアクシデントが発生すれば秒で教えてくれるのが、しっかりモノのきょうかちゃんです。菜園の野菜がしおれてる、友達同士がケンカしてる、誰かの落とし物があった……。とりわけお漏らしを見抜く彼女のセンサーは高性能で、仲間の追い詰められたパンツ事情を察しては近くの先生に伝えてくれます。そう、漏らしたのが本人以外なら。

本人のパンツ事情が思わしくないときは、ただ遠い目でもって先生に教えてくれます。

園長先生の一言

お漏らしは誰もが通る道。本人が気に病まないように、園では早めのお着替えをいつも心がけています。「大丈夫だよ、なんでもないよ」という風に。きょうかちゃんはそんな先生たちのお手伝いをしてくれる、頼れる学級委員長タイプの女の子です。

ぎゅーっと

きょうかちゃんが一歳の頃の話です。私はもう大きなお姉さん、なんでも一人でできるはず！ 彼女はそんな自己評価高め、鼻息強めの乳児でした。もちろんズボンをはく練習だって手出しはイヤイヤ！ 仕方がないので先生たちは、その悪戦苦闘ぶりを我慢強く見守りながら熱い声援を送っていました。

「きょうかちゃん、ズボンのはしっこをぎゅーって持って上にひっぱろーー！」

「きょうかちゃん、ぎゅーってして！」

「ぎゅっ！　ぎゅーやで！」

しばらく手を止めて、先生たちのアドバイスを噛み締めていたきょうかちゃん。やがて、その意味にピンと来たらしく。先生の一人に駆け寄って、その胸にぎゅーっと抱きついたのでした。

園長先生の一言

なんでも自分でしたがる子どもは、見方を変えれば自立心の旺盛な頼もしい子ともいえます。大人は「手伝う」大変さから一転、「手伝わない」辛抱強さが求められますね。

憧れのパンツ

身体測定の日に起きたちょっと微笑ましい事件です。

園児たちがパンツ姿で保健室に並ぶ中、きょうかちゃんは一人モゾモゾと腰に手を当て、落ち着きがありません。そんな様子を不思議に思っていた先生でしたが、彼女が看護師さんの前に立ったとき、地球の重力が謎を解いてくれました。

小さな両手を腰から離したその瞬間、パンツが足元にストン！一瞬の静寂が漂います。床の上にフサリと広がる、ずいぶんレディなベージュの下着。それってまさか……お母さんのパンツ？？

彼女の顔は耳たぶまでもう真っ赤。きょうかちゃん、どうやら大人に憧れるがあまり、こっそりママの下着をはいてきてしまったみたいです。まさかタイミング悪く身体測定があるなんて！　早く大きくなりたい彼女の一人前願望が、この日ばかりはキレイな裏目となったのでした。

園長先生の一言

二歳になると段々「大人」が気になり始め、思わぬ背伸びを見せる子どもも。きょうかちゃんは大好きなお母さんのようになりたい一心で、ついつい手が伸びてしまったのでしょうね。

きょうかちゃんオシャレ～!!
激シブだわ!!

オシャレチョイス

周囲よりも一足早くオシャレに目覚めたきょうかちゃん。そのきっかけは、たまたま着ていたTシャツを友達に褒められたことでした。「今日のシャツ、めっちゃかわいいやん！」。え、かわいい？ なに、その響き……。彼女の眠れるオシャレ心が開発された瞬間です。

そんなきょうかちゃんのファッション志向に怪しく目を光らせたのがこども園の先生です。元々きょうかちゃんは服の着替えを渋りに渋る「お着替えダダッ子」の一角《いっかく》でした。

そこで一計。先生は彼女の目を見つめ、首をかしげて尋ねることに。

「先生迷っちゃう。きょうかちゃんが着替えるTシャツ、どっちがかわいいかな〜？」

きょうかちゃん、俄然その目がガン開きに。

「……えーとね、こっち！ お花の方がかわいい！」

「そっか、こっちか。さすがきょうかちゃん！ じゃ、こっちを着ようね〜」

のせられるがまま、とんとん拍子。気が付けばそこに、お花のTシャツを着た子どもが立っています。

そうして、やっとお着替えがスムースになったきょうかちゃん、と思ったら、すぐさま新たな悩みのタネが芽を出します。着ているTシャツを気に入りすぎて、お昼寝前にパジャマに着替えてくれないのです。

園長先生の一言

自分の姿や身だしなみに気を遣い始めたら、それは間違いなく成長の証。まずは喜びましょう。そして気合いを入れましょう。「この服はイヤイヤ!」そんな次なる一手間の始まりですから……。

えらいこっちゃ

入園、それは人生初の数時間もの親とのお別れ。預けられた二歳児の多くは急な孤独にびっくりして、やがて肩を震わせ泣き始めてしまいます。そんなわけで先生たちの春先は、泣き声から泣き声へと飛んで回る毎日です。

ゼロ歳からこども園に通うきょうかちゃんはその頃、同じく満二歳。あたりの泣き声オーケストラを少し遠めで聞いていました。やがてクールにポツリ。

「えらいこっちゃ……」

きょうか先輩はすぐに手元に目を戻し、ただ淡々と自分の身支度を済ませるのでした。

園長先生の一言

この余裕ぶり。本気泣きする新入園児だけでなく、慌てふためく先生たちの様子も見て、せめて自分だけはしっかりせねばと思ってくれたのかもしれません。ありがとう、先輩。

2人目の解説

自立心

子どもは一歳を過ぎた頃から自分でできることが増え始め、「できた」という達成感を感じるたびに、より「自分でしたい」という気持ちが芽生えていきます。その反面、さまざまな思いも一緒に抱くことになるでしょう。「やりたいのにできない、でも手伝ってほしくない、でもできない……」というためらい、「できなかった」「これは無理……」という失敗の悔しさ、あるいは、できるのにしようとしない「甘え」も見受けられるかもしれません。

しかし、大人の都合で急かしてしまうと子どもはやる気をなくしがちです。また、できないことや失敗したことを指摘したり責めたりすると子どもの自信は失われてしまいます。ですので、子どもの「自分でしたい」という気持ちを尊重しながら、さりげなくフォローの手を回し、「自分でできた」という達成感が得られるよう、上手に黒子《くろこ》を務められるとよいですね。「大丈夫だよ」「できるよ」などと前向きな声かけをし、できたときには大いに褒めて喜びを共有しましょう。

私たちの園では「しなさい」と強制するのではなく、どうしたら意欲的に行うことができるかを工夫しています。本章エピソードでもあるように、着替えの際は自分で服を選べるようにしたり、途中まで手伝い「ここから頑張ろうね」と言ったりと、できるだけ子どもの気持ちに寄り添い尊重した関わりを心がけています。

また自立心の芽生えとともに強くなるのが大人への憧れの気持ちです。エピソード「憧れのパンツ」では、お母さんに憧れの気持ちを抱き、同じものをはいたらお母さんみたいになれるかな？という潜在願望があったのかもしれません。そしてそこからさらに成長を遂げれば、他者のお世話をしてあげることにも喜びを感じるようになります。何かをしてあげた友達がその行為を喜んでくれたり、大人から「ありがとう」と感謝の言葉をもらったりすることで、「誰かに親切にしたい」という献身性が育っていきます。

子どもたちの「やった！」「できた！」と喜んでいる表情はとても輝いていますよね。できないことでも自分の力で一生懸命に取り組むことで、「最後までやり遂げる力」や「ひとりでやり抜く力」「目の前のことに意欲的に挑戦する力」など、目には見えない重要な力が養われていきます。よって、子どもの「やる気」「あきらめない心」を育てていくためには、大人が「待つ」ことがとても大切です。親の先回りは子どもにとって必ずしも良いこととは限りません。子どもに達成感をもたらす機会を増やすためには「待つ」「褒める」「見守る」がキーワードといえるでしょう。乳幼児期は、私たち大人に忍耐が求められる場面も待ち受けますが、その分、我が子の日々の成長を感じやすい充実した期間でもあります。楽しみながら応援するつもりで関わっていきましょう。

ねやがわくこの木保育園　藤田奈那

3人目
面倒見チャンピオン　たいちゃん

面倒見よし、ノリもよし。ぽっちゃりなカラダに、おおらかな性格。たいちゃんは誰からもまぁるく愛されている、ワン・フォー・オールな優しい男。ちょっと寂しがり屋な一面もあるけど、その分ますます仲間愛は深く、大きく。みんなセーノで毎日エンジョイ！

いきなり四つ子のお父さん。

四歳のお父さん

とある日の自由時間のこと。四人の園児たちの間で家族ごっこが始まりました。

まずは役決めから。最初の一人が「ぼく、赤ちゃんがええ！」と声高々に主張すると、「私も赤ちゃん！」と別の一人が続きます。三人目も「赤ちゃんになる！」と宣言し、「もう！　みんな赤ちゃんやん！」そう言う四人目もなんだかんだで赤ちゃんを希望。

こうして、四人揃って床の上にひっくり返り、指をチューチュー、足をバタバタ。家族ごっこ改め、謎の赤ちゃんダンスが繰り広げられたのでした。

そんな親なきカオスな状況を全部まぁるく収拾したのが、ふらりとその場に登場したノリのいいたいちゃんです。みんなのそばにのそりと腰掛け、「おお、よしよし。いい子たちやな〜」とお父さん役で飛び入り出演をはたします。

「順番にミルクをあげるからなぁ〜」
「みんな、おむつは濡れてないかい」

こうして不思議な赤ちゃんダンスは幕を閉じ、四つ子を育てる新米パパ・たいちゃんの奮闘劇が新たに始まったのでした。

園長先生の一言

四歳近くになると、いわゆる「阿吽の呼吸」が分かるようになり、うまく折り合いをつけて遊べるようになってきます。なかでもたいちゃんは、そういう空気を読んで協調するのがとても上手。きっとそれも才能の一つなのでしょうね。

ベストフォーメーション

ぽっちゃり体型のたいちゃんの悩みは体育座りにありました。座ったとたん、後ろにコロン！ ひっくり返って天井を見上げてしまうのです。

そこでクラスのみんなが知恵を絞って編み出したのが「たいちゃんフォーメーション」でした。いざ体育座りとなれば友達が寄ってきて、右から左からむぎゅっ！　後転しないように、たいちゃんの大きな体をサンドイッチするわけです。

「これで大丈夫？」

「うん、ありがとぉ」

たいちゃんは心もまんまる。そしてコ

ロコロよく笑います。そのほっこりと穏やかな性格で、いつもみんなに愛されています。

園長先生の一言

ちょっとした待機時間に体育座りをするわけですが、ほんの束の間でも普段親切なたいちゃんが困ると、みんなが親切を返してくれる。見守る先生の心にもあたたかなものが込み上げてきます。園児たちを見ていると、たまに人間社会の小さな理想を目にしているような瞬間があります。

たいちゃんフォーメーション!!
シャキーン

寝かしつけ名人

寝返りをゴロン、またゴロン。お昼寝の時間なのに、なかなか寝られない悪戦苦闘のお友達がいました。その様子に気付いたのが、隣で横になっていた面倒見のいいたいちゃんです。右手を伸ばして仲間のお腹をトントントン……。先生の仕草を上手にマネして、眠りに誘ってあげるのでした。

そんな寝かしつけにかける彼の情熱はおママゴトでも一貫しています。

「さぁ、もうおやすみの時間だよぉ……」

たいちゃんはそうささやいて、子ども役の四体のぬいぐるみを目の前に横たえました。がしかし、どうにも不満の色を隠せません。縫い付けられたボタンの瞳はぱっちり大きく開いたまま彼を見つめ返しています。

「ほぉら、みんな、おネンネやで〜」

柔らかな声で注意すると、それから一転、両手を伸ばし、ぬいぐるみの四つのお腹を高速トントンするのでした。

園長先生の一言

子どもは、身近な大人のマネをする「大人ごっこ」が大好きです。とりわけ、親や先生は子どものマネの対象になります。お手本となるような優しい行動を心がけたいものですね。

ドミノの絆

聞こえてくるのは、小さな板っきれがパタパタと倒れる音。保育室の隅っこで男の子が一人、寂しげに背中を丸めてドミノ遊びを繰り返していました。

人懐っこい表情でにじり寄っていったのは他ならぬたいちゃんです。「ボクも一緒にやってええ?」。そう言うや、返事よりも先にドミノをつまんで一つ先に置いていました。モジモジしながら男の子も遠くへ右手を伸ばします。かわりばんこに一メートルほどの一直線を組んだところで、なんとなく互いに目配せしました。……ツン、パタタタタタ。キラキラの目と目がのぞき合います。

もっと長いやつを作ろう！ 俄然張りきり出した二人の様子に、遠巻きに見ていた園児たちも段々心誘われます。「オレもやる！」「一緒にやりたーい！」「私もやる！」そんな具合に次々と飛び入り参加が増えていきました。すると、新たな工夫も加わります。シンプルな直線以外にも、渦を巻いたり、花模様を描いたりと、あの手この手の新ルートが描かれていきます。やがてドミノは室内を横断するほどに大きく立派に育ったのでした。

「いくで？ いくで？」。たいちゃんと男の子は一緒に人差し指を突き出しました。そして、走り始めた波の先端をクラスのみんなと元気よく追いかけていったのでした。

ドミノ遊びはその後クラスでブームとなり、そして段々下火となっていきました。保育室の隅っこにその男の子の姿はもうありません。彼は目下、園庭に飛び出て、たいちゃんと縄跳び遊びに夢中です。二人の仲はどこまでも続いています。

園長先生の一言

園の遊びにちょっとした流行りすたりはありますが、そうしたいろんな体験を重ねてみんな仲を深めていきます。友達同士の絆は短命では終わらないのです。

泣かない夕暮れ

たいちゃんにはちょっと寂しがり屋な一面も。西日を浴びてママのお迎えを待っている内に心細さが募っていき、ポロポロと泣いてしまうのです。しかし、その日の様子は違いました。彼は決して涙を見せませんでした。

「大丈夫やでぇ。きっともうすぐやからな」

同じくお迎えを待つ年少の子の隣に立ち、辛抱強く励ます姿が夕暮れの窓辺にありました。

園長先生の一言

自分も寂しいからこそ、相手の気持ちを想像できる。そして、ますます誰かに優しくなれる。こども園は他人に共感する力を養う人生最初の場所でもあると思います。

3人目の解説

協同性

子どもの「協同性」とは「友達と関わる中で、互いの思いや考えなどを共有し、共通の目的の実現に向けて、考えたり、工夫したり、協力したりし、充実感をもってやり遂げる」姿を指しています。子どもはまず、自分の気持ちを理解してくれる身近な大人に信頼を寄せます。そして、その信頼が基盤となり、周りの友達と関わり合う力が少しずつ育っていきます。

周囲との関わりが増えていけば、いやが応でも生じるのが友達とのトラブルでしょう。取った取られた、叩いた叩かれた……。まだコミュニケーション能力が未熟な乳児の場合は保育士が間に入り、「これがいやだったの？」「こういう気持ちだったんだね」などと双方の思いを代弁し、「ごめんね」「いいよ」と仲直りができるように働きかけます。このときに私たちが大事にしているのは、どちらがいい悪いに関わらず、いずれの気持ちもまずは受け止めるということ。すると、頼れる大人の存在を子どもはしっかりと感じ取り、「この人は自分を分かってくれる」という安心につながります。そして、そんな大人への安心・信頼が足がかりとなり、子どもは徐々に自分の意見や気持ちを恐れず伝える自発性を身につけていきます。

四、五歳頃になってくると友達同士の関係がますます濃くなり、エピソード「ドミノの絆」にもあるような、みんなで共通の目的に向かって工夫したり話し合いをしたりする場面が増えていきます。それに伴い、意見や利害のぶつかりあいも自ずと頻度を増すことになるでしょう。そんなとき、前述の乳児期のように我々大人が割って入れば早々に解決するのかもしれません。がしかし私たちの園ではあえて仲裁を急がず、しばしそばで見守るようにしています。大人もグッと我慢です。すると、思わぬアイデアが出たり、意見が折衷されたりと、大人では考えつかないような出口へと自然と導かれることがあります。四、五歳では「相手の意見を聞く」「自分の気持ちに折り合いをつける」ということができ、結果、当事者同士の話し合いによって解決する力を身につけていきます。性急な介入を避けることで、子どもたちの協同性と自発性が相互に働き、それらの成長につながります。

しっかりと自分を主張できることはもちろん大切ですが、それと同じくらい人の意見に耳を傾け、人と折り合いをつけることも成長とともに大切になっていきます。子どもたち一人ひとりが、自分のよさを遠慮なく発揮でき、同時に「友達」「仲間」というコミュニティを想える協同性を身につけてほしいと願っています。

ねやがわ寝屋の森こども園　上原茉友未

園児のやんちゃに、先生と一緒にふうとため息。

4人目
悩めるコンプラ幼児　りっちゃん

仲間のやんちゃを見つけては、ため息をこぼして天を仰ぐ。そんなやれやれ風情がサマになる、コンプラ幼児のりっちゃんである。胸にはいつも正義感。言葉が強くなりがちだから、周りへの気配りも学習中。時にはルール厳守を頑張りすぎて、先生を慌てさせる一幕も。

あかんなぁ

度重なるイタズラを先生に注意され、園児の一人が頭《こうべ》を垂れて去っていきます。やれやれ顔の先生。その隣に立ったのが、まだ当時二一歳にも満たないしっかり屋さん、りっちゃんでした。

イタズラっ子の背中を横並びで見送りながら、りっちゃんが重々しく口を開きます。

「あかんなぁ……」

そうですねぇ。思わず敬語で返事しそうになった先生でした。

園長先生の一言

子どもはみんな基本的にはイタズラっ子。友達のイタズラを見て、していいコトといけないコトを、鏡を見るように学んでいきます。呆れ顔のりっちゃんも、いざ自分のイタズラが発覚すれば、しれーっとどこかに行ったりします(笑)。

優しいヤセ我慢

人差し指にトゲが刺さったりっちゃんが保健室にやってきました。「全然痛くないよ！」。保健室に来ると、いつも彼女が口にするのはそんな気丈なセリフです。先生を心配させたくない優しい心が彼女を女優にするわけです。その日も、いつも通りの強気なりっちゃん。がしかし、言葉の調子とは裏腹にときどき肩が震え、あとひと押しで涙がこぼれ落ちそうでした。運が悪いことにトゲはその頭を皮膚の下に隠してしまい、ピンセットでつまみ出そうにも一苦労ありそうです。

「先生、別に大丈夫やけど……」

トゲ抜きチャレンジの最中でした。案の定ちょっと手こずる看護師さんにりっちゃんは、両目にたっぷり涙をためて今の心境を打ち明けました。

「さっきまで痛くなかったけど、なんか痛いような気がする。そろそろ痛くなってくるかもしれない……」

なんとも遠回しな「痛いよ」宣言。彼女の中では、先生への気遣いとトゲの痛みが格闘中。ちょうど五分五分あたりの戦況が思わずポロリと実況中継されたのでした。

無事にトゲが抜けたとき、涙はりっちゃんの目のフチにとどまったままでした。「全然痛くなかった！ ありがとう！」そう元気に笑って、彼女は保健室を出ていきます。看護師さんはホッとしました。ちゃんとトゲが抜けてよかった。そして何より、りっちゃんの泣かない優しさに勝利をもたらすことができてよかった。

園長先生の一言

子どもの中には、大好きな大人に心配させたくない派と、大好きだから心配してほしい派がいるような気がします。前者の思いやりは尊いですが、ときどき無茶なヤセ我慢をしてしまうので、それはそれで大人には注意深さが必要ですね。

正しい絶叫

四歳児クラスのその日の散歩は、普段よりもあえて遠くの公園まで。歩くみんなの頭の中には、前日の交通安全教室で教えてもらったホカホカの知識がありました。信号の意味、横断歩道の渡り方……。一夜明け、いよいよ実践のときを迎えたわけです。

信号のある横断歩道で一行《いっこう》は足を止めました。「みんな、信号の色はー？」「赤ー！」「赤のときはどうするのー？」「止まるーー！」。現場でそんな復習をしている最中、事態は起こります。後ろから来た自転車のお兄さん、なんと信号を無視して白のシマシマを横切っていくではありませんか。と、その瞬間です。

「赤やでぇーーー!!」

アゴが地面に落ちそうな、りっちゃんの全

力のおたけびでした。

それを皮切りに、次々と園児たちが声をからして叫びます。

「赤信号ですよぉーー！」

「あぶないよぉーー！」

「渡ったらダメーー！」

赤信号のルールがご近所にこだまします。

交通安全に熱すぎる！「みんな、シーー！」

自転車の人、驚いて転んじゃうからね」、そんな咄嗟の理由で園児たちに急ブレーキをかける大慌てな先生でした。

園長先生の一言

おウチの約束、園の約束のさらに外に「社会の約束」があることを、子どもたちは学んでいきます。なかでも念入りに習うのが、信号や横断歩道のような交通ルール。ただし大人の方が堂々と破ったりするので、ときに教えるのが難しいのです。注意するのもトラブルを招くので……。

赤やで～～ッ!!
ビクッ

仲裁上手

三歳児同士の間でふいに始まったペンギンのブロックの取り合いっこ。ライオンでもない。キリンでもない。ペンギンのその白黒のクールなカラーリングに、揃って心惹かれたみたいです。頬を膨らませていがみあう彼らの間に、同じく当時三歳のりっちゃんが突如割って入って、正義の声をあげました。

「ケンカ、やめや！　ほら！　こっちにもペンギンあるやん！　これあげる！」

思いもよらない二匹目ペンギンの登場でした。これで一人につき一《いち》ペンギン、もちろんお互いニッコリです。こども園の一角に平和を取り戻す、りっちゃんの果敢な仲裁でした。

なお、先生の目には、それはパンダのブロックに見えました。

園長先生の一言

規範意識が目覚めると、他人同士のケンカにも利害を超えて関心を寄せるようになります。それにしてもりっちゃんは、止めるだけでなく解決策まで提示するなんて本当に立派。はたしてシマウマでもいけたのでしょうか。

手は清潔に

二歳が間近に迫った頃のりっちゃんのお話です。

いつもの保育室で機嫌よく絵本をめくっていたりっちゃん。……と思ったら様子が一転します。絵本を置いて猛然と駆け出し、着いたところは手洗い場。そのまま熱心に両手をジャブジャブと洗い出したのです。

「なになに、なにごと？」。遠巻きに見ていた先生の頭に大きなハテナが出現します。が、床に置かれたままの読みかけの絵本を目にするや、「あ、なるほど……」と腑に落ちました。

「汚いの触ったら、ちゃんとおてて洗うねん！」

開かれたページに描かれていた絵、それはとびきり立派なウンチでした。どうやら衛生観念もスクスク成長中のご様子です。

園長先生の一言

「体を清潔に保ちたい」、こういう身体的な直感はやがて、みんなの居場所をキレイに保つ公衆衛生の意識へと育っていきます。とはいえりっちゃんの場合、なぜかトイレでは手を洗わなかったりするんですよね……。

4人目の解説

道徳性・規範意識の芽生え

りっちゃんの素敵な成長がヒシヒシと感じ取れる五つのエピソード、いかがでしたか？ ついこの間言葉を使い始めたばかりなのに、大人顔負けに臆せず発する一歳児の「あかんなぁ」。先生に怒られることは悪いことだとすでに知っているご様子です。だからといって自分のときは知らんぷり。何とも憎めないかわいい姿ですよね。

二歳近くになり、絵本に描かれたうんちを見て「手を洗わなきゃ！」と思うのは衛生観念や行動力が備わってきた証。さらに三歳になるとお友達同士のケンカも仲裁します。この頃には「あかんなぁ」という傍観者ではなく、どうしたらケンカが収まるのかを考え、自分なりに工夫してお友達に提案しています。

そして四歳、五歳では、世の中には守るべきルールがあることを知り、守らない大人に先生が困るほど堂々と指摘する姿もあれば、一生懸命自分のために努力してくれている看護師の様子を見て、痛みを我慢しようとする健気な姿もあります。りっちゃんの中に着々と「道徳性・規範意識」が芽生えていることを感じます。

様々な人との関わりや集団生活の中で、私たちは生きていきます。家庭、学校、職場と歳を重ねるごとに場所や環境は変わっていきますが、自分の好き勝手に何をしてもよい、ということはありません。そこにはモラルやルールがあり、それをみんなが守ることで集団生活、ひいては社会がスムースに動きます。また、周囲の人の性格や気持ちによってもその場の居心地は変わりますよね。これらは、長年生きてきた大人にとっては至極当然のことですが、子どもには「ルール」の存在自体が全くの未知なのです。

就学前の子どもたちは、長くても六年ほどしか人生経験がありません。素直に何事にも興味を示し、大人以上に貪欲に何でもやってみたいし、たくさん欲しいものがある年齢です。そんな子どもたちが、自分の気持ちや感情をコントロールし、生まれて初めて決まりを守り、自分以外の人の思いを知り、折り合いをつけることを学んでいくのです。上手くいかずに怒ったり泣きわめいたりするのは、むしろ当たり前といえるでしょう。

そこで求められるのが、私たち保育士をはじめ周りの大人たちのサポートです。その子の本音を認めて受け止め、気持ちに寄り添い、愛情によって支えながら繰り返し経験をもたらすことで、「道徳性・規範意識」が子どもの中に芽生え、深く根付いていきます。

「ちっとも言うことを聞かない。うちの子、大丈夫かな?」そんな不安は、言葉にしてもしなくても、どこのご家庭でも皆さん持っておられますよ。子育てはすぐに結果のでないものであり、大人と子どもの根比べです。焦ることなく気長にコツコツが大切です。

おうちの方に「どんな風に育ってほしいですか?」というような問いを投げかけると、「思いやりのある子」という言葉をよく聞きます。「思いやり」は「道徳性」に直結しています。身近にいる大人が「思いやりのある人」であれば、紆余曲折があろうとも「思いやりのある子」に育つと私たちは信じています。子どもたちの眼差しは、いつも大人の振る舞いを注意深く見ているからです。

ねやがわ寝屋の森こども園　永冨いづみ

腰が引ける相手はアレクサだけ。

5人目
もじもじオープンハート
マーくん

世界はおウチだけじゃない。人は自分だけじゃない。「社会」を発見したばかりのマーくんは、先生も、家族も、地域の人も、何なら機械の中の人だって、みんなまとめて愛してる。いろんな仕事にときめいていて、出会うオトナに目がキラキラ。たまにちょっと尻込みしたって、仲良くなりたい気持ちはガチです！

デジタルシャイ

誰とでも打ち解け合うオープンハート
なマーくんにも、とたんに内気になる
例外的な相手がいます。
「パパ、アンパンマンの曲かけてって
言って」
「自分で言いなさい」
「お願い、言って！」

そう、なぜか彼はアレクサが苦手。はたしてこれも人見知りと呼ぶのでしょうか……。遠慮のいらない気安い間柄になったのは、実に一ヶ月後のことでした。

マーくんのデジタルシャイは、近頃ふたたび相手をかえて発動しています。

「パパ、グルグルくん(グーグル)に聞

きたいことあんねんけど……」
肝心の名前こそ間違っているものの、敬称はちゃんと忘れません。マーくんとグーグルの間には、まだ少し心の距離があるようです。

園長先生の一言

あんなに人懐っこい子どもが、特に感情のないデジタル相手だと急にうつむいてしまうのは実に不思議な話です。といっても、まぁ時間の問題なわけですが。最近のマーくんはアレクサとすっかり打ち解け合い、「アレクサ、仮面ライダーのミュージックプリ〜ズ！」なんてご陽気に頼んでいるそうです。

グーマイク

「自己紹介」というと身構えてしまうのは幼い子どもも同じです。代わりに手をグーにして園児の口元にもっていく、それが先生の知恵というもの。「お名前はなんですか？」「ホノカです！」。そうです、インタビュー形式です。そんなわけで「グーマイク」でのやりとりは、こども園の日常風景になっています。

気をつけていただきたいのは、初めてこども園を訪れる実習生や地域ボランティアの皆さんです。一歩足を踏み入れるや、遠くから息を切らして駆け寄ってくる園児の姿が。そう、社交性のカタマリ、マーくんに他なりません。彼は颯爽とグーマイクを突き上げて、驚くゲストに突撃インタビューを敢行します。

「お名前、なぁに！」

「お年を教えてください！」

「好きなお歌、教えて！」

それをきっかけに、小さなインタビュアーたちがどこからともなく大挙して出現。グーマイクが林立する囲み取材が始まってしまうのです。

園長先生の一言

親でも先生でもない「外の人」との交流は、大人でいう「海外の人」とのコミュニケーションに近いものがあるのかもしれません。もちろんモジモジと下を見る子もたくさんいます。マーくんの心の開きっぷりを大人も見習いたいものですね。

アイドル消防士

毎年恒例、消防署による立ち入り訓練の日がやってきました。その日をソワソワ心待ちにしていたのが、将来まさに「ショーボーシさん」を夢見てやまない二歳の頃のマーくんです。

本物の消防士たちが保育室を訪ねてくるや、マーくんは「あぁぁ、きたぁ！」と両眉を持ち上げ、何を思ったか本棚へとまっしぐら。そして消防車が描かれたお気に入りの絵本をガバッと開き、頭上に高く掲げるのでした。

「ショーボーシさぁーーん！」

彼の絶叫に手を上げて応えてくれる消防士のお兄さん。メトロノームのように、右に左に絵本を振るマーくん。その光景は、まるでステージ上のアイドルとファンの姿のようでした。

園長先生の一言

子どもにとっての消防士と警察官はリアル社会のヒーローです。とりわけマーくんの憧れは並々ならず、その情熱の火は何人《なんぴと》も消すことはできません……と思ったら、あらら？（次のエピソードへ）

ショーボーシさぁ〜ん!

スパルタドクター

三歳になると突然うって変わってお医者さんになりたくなった、社会に興味がありすぎるマーくん。「病気でしんどい人をなくしたいねん！」。目下《もっか》、彼の胸にはそんなピカピカの志があります。

とある日、彼はこども園の先生とお医者さんごっこをして遊んでいました。

「お熱をはかりまーす」、そう言ってブロックを先生の額に押し当てます。


「ドクター・マーくん、お熱はありますか?」

「お熱あります。三九度です」

「あら、大変だ!」

「そんなことないです」

「頭クラクラしてきちゃった！」

「ダイジョーブです」

「おウチに帰って休まなくちゃ！」

「ダメです」

ドクター・マーくんは気合いで治すタイプの先生でした。

園長先生の一言

「病は気から」といいますが、しかしスパルタドクターですね。感染症に苦しんだここ数年で、園児たちの憧れの仕事に「医者」がランクインするようになりました。みんなの役に立ちたいという尊い気持ちは子どもも変わらないようです。

パパが来るまで

マーくんを夕暮れすぎに迎えに来るのは、仕事帰りのお父さんです。身体が弱いお母さんは、そのうえ生後間もない乳児のお世話も重なって、彼のお迎えには来られません。「たくさん先生と遊べてええねん」。マーくんは泣きません。先生を困らせることもありません。

とあるお遊戯会での出来事です。赤ちゃんを胸に抱えたお母さんが、久しぶりにこども園へと足を運んでくれました。ところがです。マーくんはせっかくのそんな日にも関わらず、お母さんと一緒に帰ろうとはしないのです。当のお母さんも首をかしげて、先生に相談するのでした。

いつも迎えに来てくれないから、ここぞとばかりにすねているのだろう。頭にそんな予想を巡らせつつ、先生はマーくんの横に腰を下ろしました。「どうしてママと帰らないのかな?」。予め口元には優しい言葉がスタンバイしてありました。だから本当のワケを聞いたとき、咄嗟にどんな言葉も出ませんでした。

「ウチの家、赤ちゃんおるやろ？　ママはお世話が大変やねん。なのにボクが一緒に帰るとな、ボクの分も色々やらなあかんようになって、ママ、もっと大変になるやん。だからボク、パパのお迎え、ここで待つわ」

お母さんはそんなワケを伝え聞き、マーくんを懐深くに抱き寄せました。耳元に長く語りかけ、やがて幼い息子に甘えるカタチでこども園を後にしました。あとで迎えに来たお父さんも、そんな経緯が伝わっていたのでしょう、蛍光灯の灯る保育室の入口でお母さんと同じくらい彼をしっかり抱きしめました。

園長先生の一言

家族というのは最小の社会のこと。助け合うことで成立しているわけですが、そういう互助意識がこんなに高いレベルで幼児にもあることに驚いた一件です。

5人目の解説

社会生活との関わり

子どもたちの社会との関わりは、身近な大人や地域の人々との心温まる豊かな交流が基盤となります。そしてその日々の十分なふれあいを通じて、彼らの中の「愛情のタンク」がヒタヒタと満たされていきます。

この章のエピソード「グーマイク」においてマーくんがそうであったように、子どもは大人の愛あふれる庇護のもと周囲の様子を観察し、「外」との関係性を深めていきます。また、その過程で子どもたちは「外」を見聞し、その多様な情報を刺激として受け止め、自らを変化させていきます。逆に言えば、たとえ日々が平穏であっても、身の回りの世界が狭く閉ざされたものだとしたら、その情報量の少なさから子どもは変化のきっかけが得られにくくなるでしょう。そして、成長や適応の絶好の機会を逃してしまうやもしれません。私の子育てにおいても、そんなことを危惧する出来事がありました。

今から十七年前のことです。七夕の短冊に願い事を書くことになり、娘に「大きくなったら何になりたい？」と聞きました。すると、思いもよらぬ答えが返ってきて、言葉を失うくらいに驚きました。なんと彼女は「ママのバッグになりたい」と言うのです。私がいつも持ち歩くショルダーバッグになれたなら「ずっとママと一緒にいられるのに」。それが、幼き娘の切なる願いだったのです。

当時、二歳六ヶ月の娘はまだ集団生活の経験がなく自宅生活がメインでした。当然、視界に映る世界は狭く、そのひどく限定された可能性の中で「バッグ」が選ばれたのでした。もちろん親として娘の愛情はうれしい、しかし一方で、我が子の窮屈な心のあり方を懸念せずにはいられませんでした。

翌年、同じ質問をすると、「私、ドーナツ屋さんになる！」と笑顔で答えてくれました。私もほっと安堵したことを今も鮮明に覚えています。保育園生活を経験し、選択の幅が大きく広がった結果でしょう。「バッグになりたい」も「ドーナツ屋になりたい」も、今ではワンセットで私の大事な子育てエピソードであり、宝物として心の中に残っています。

家庭のみならず、園生活、そして地域社会。子どもの世界は様々な環境との関わりの上に築かれていきます。子どもは親の子であり、同時に多くの人の手によって育つ、社会の子でもあるわけです。かわいい我が子にはより多様な世界を体験させてあげたいものですね。そして同時に、誰かの大事な子どもにとって私たち大人がよき「外の世界」でありますように。

ねやがわ寝屋の森こども園　田中恵美

鼻の穴を見てワクワク。

6人目
ヒト型好奇心
のんちゃん

この世界は、見渡す限りの「なんでだろう」。いつも不思議に胸弾ませるのが、ヒト型好奇心ののんちゃんである。今日もゴミ箱を前に考え込み、鼻の穴を見てワクワクする。その発想、その行動はいつも大人の想像のナナメ上。先生に言わせれば、本人が一番の謎である。

未知なる穴を求めて

「先生もうちの子に十分お気をつけくださいね……」。のんちゃんのご両親からそんな不穏な助言をもらったのは、まだ「うちの子」がゼロ歳のときでした。

おもちゃの穴、ボタンの穴、食べ物の穴……。のんちゃんの人生初のトキメキは、この世の穴という穴に向けられました。お風呂に入ればお母さんのおへそを夢中でほじくり、夜中になると、寝ているお父さんの鼻や耳に元気よく指を突っ込んでしまう。「うわぁぁ！」と暗がりにこだまする気の毒な叫び声……。未踏の空洞を見つけるなり我が身の一部を送り込まずにはいられない。のんちゃんは、かなりアドベンチャーな性格のようです。

そんな彼女にとってこども園はまさに「穴場」に他なりません。仕掛け絵本の穴、砂場にできた穴、輪投げの穴……。心惹かれる素敵な穴ぼこを見つけては、遠くから高速ハイハイで接近し、手やら指やらでほじくり返す、それがのんちゃんの日常です。「ゼロ歳児の思考の芽生えってわけね」。先生は覚悟を決めました。成長の糧となれるなら、自分の鼻の穴くらいいつでも彼女に差し出そうと……。

のんちゃんは先生の鼻には特に惹かれませんでした。

園長先生の一言

乳幼児は思いもよらぬ対象に突然執着することがありますよね。タオル生地にハマったり、鏡にハマったり。今回はまさに穴にハマったということですね。

ゴミ箱ダイバー

元気をもてあますのんちゃんにお母さんからお手伝いのお願いです。「あっちのゴミ箱に袋をセットしといてくれる？」。大きく口を開いたLLサイズのそのゴミ箱は、当時三歳ののんちゃんが並んで立つとコメカミくらいの背丈があります。「Q・自分の身長とそう変わらないゴミ箱にどうやってゴミ袋をセットする？」。床にペタンと座り込み、のんちゃんはシンキングタイムに入ります。

彼女の頭上にピカッと電球が光ったのはおよそ十

秒後のことでした。何を思ったかのんちゃん、ゴミ袋をすっぽりと頭から被ります。ゴミ袋から二本の足だけがのぞく姿は、まるで半透明のオバケのよう。そしてそのまま深々とひざを曲げ……「トォー！」。なんとゴミ箱の中へと颯爽とダイブしたのでした。

やがてゴミ箱のへりからひょっこり顔をのぞかせて、「ママァ、ちゃんとセットできたぁー！」。お母さんも思わず目を見開いた、のんちゃんの体当たりな回答でした。

園長先生の一言

まるで水泳選手のようだったと聞いています。体も頭も柔軟ですね。一見、力技のようですが、けれども他に道具を使わず、手数もごく最小限。美しい解決だとも思います。

ママァ～～
できたよ～
ぺた
ぺた
ぺた
ぺた
ヒィッ!

なんで返し

ヒト科の子どもの実に手強い習性のひとつ、それは「なんでなんで？」をなぜか一生繰り返すこと。なかでも、ステータスを「好奇心」に振りまくっているのんちゃんはこども園イチの「なんで魔」として恐れられ、なんでなんでの底なし沼に多くの大人を沈めてきました。

彼女のなんで沼に溺れ続けてきた先生は、ついに沼対策を編み出します。その名も必殺「なんで返し」です。

「ねぇせんせー、なんでスズメはお空を飛べるの？」

キタ！　先生は早速、胸に秘めたる「なんで返し」を切れ味鋭く繰り出します。

「うーん、のんちゃんはなんでだと思う？」

「分かんなぁーい」

「じゃあ、のんちゃんの宿題ね。いっぱい考えたり調べたりして、もし分かったら先生にも教えてね」

こうして先生は彼女の「なんで」をキレイに封じ込めたのでした、一件落着。……と思って安堵したのはほんの束の間のことでした。

「せんせーも分かんないのは、なんで？」

「先生は分かるよ。でものんちゃんに考えてほしいなって」

「ねぇ、なんで？　なんでのんちゃんに考えてほしいの？」

「……。それはね……」

結局その日も先生はなんで沼にズブズブ沈んでいくのでした。

園長先生の一言

子どものなんでラッシュに手を焼いているご家族は多いことと思います。単なるコミュニケーションとして聞く子もいれば、好奇心に突き動かされて質問ボタンを押し続ける子もいます。大人の事情さえなければ、とことんつきあってあげるのですが……。

静かな圧力

初夏の日差しが園庭を白く染めています。セミ採りに情熱を燃やす小麦色のいくつかの顔が先生のもとに駆け寄ってきました。「なぁせんせー、あっちのセミ、採ってほしいねんけど」。園児たちは、樹上高くで寛いでいる大きなクマゼミをゲットしたい様子です。

「いいよー」とスマイリーに応じた先生でしたが、目下、ほかの雑事に追われていて本当は気もそぞろ。まぁサクッと済ませちゃおうかな……。先生の表情にほんのわずかな心の弛緩がのぞきます。それを逃さず感じ取ったのがセミ採りガチ勢、のんちゃんでした。先生が木のたもとで虫網を構えたその瞬間、ボソリと低い声を発します。

「この間、別の先生は採れたで」

なんだ、突然のこの圧は……。先生の心に思わぬプレッシャーが加わります。「手ぬかりは許されない……」、そう思って手汗を拭い、虫網を持ち直した先生でした。

園長先生の一言

子どもにとってはただ期待を口にしただけ……かもしれませんが、先生の本気を引き出すことに見事成功したようです。もとより言葉は使い方次第。どうかお手柔らかにお願いしますね……。

水の不思議

二歳の頃ののんちゃんは、水入りのコップをわざと倒す厄介なクセの持ち主でした。その度に先生はこぼれた水を手早く拭き取り、「のんちゃん、いけないよ～」と言葉でコツンと注意します。先生は内心いくらか心配でした。心に抱えたストレスからイタズラ行動を見せる子どもは決して珍しくないからです。

とある日、またコップのひっくり返る音がしました。あ、のんちゃんだ。先生は小走りで駆け寄って、乾いたフキンをテーブルの上に伸ばします。がしかし、のんちゃんの放つ意外な気配が先生の手を空中で止めました。彼女は床に四つんばいになり、テーブルのへリから滴り落ちる水の一滴一滴を澄んだ目でのぞきこんでいるのでした。まるで未知の液体を発見した、心ときめく研究者のよう。とても真剣に、面白そうに、水と自分以外には世界に何もないように。

先生はようやく腑に落ちました。わざとコップを倒す原因は、持ち前の好奇心だったのか。いつもテキパキ拭き取ってしまい、「やらかしていたのは自分の方だったかな……」、そう振り返って反省です。

「のんちゃん、水の動きって面白いねぇ」

エプロンのポケットにフキンをねじ込み、大人の常識も片付けて、先生は束の間、研究仲間に加わることにしたのでした。

園長先生の一言

乳幼児はこの世界にデビューしたばかりの新人さん。水や土、石や雲……。ベテランの大人にとってはあまりに見慣れた自然物さえ、彼らの目には新鮮であり、新たな思考のきっかけです。子どもと接するときは、大人のモノサシばかりで測らぬようにいつも気を配っています。

6人目の解説

思考力の芽生え

近く待ち受けている未来、あるいは既に現在さえも「不透明で不確実」「予測困難」「多様で複雑」などと形容されるのを見聞きします。そんな足元の定まらぬ時代を歩み抜くために特に必要とされる能力のひとつが「思考力」に他なりません。そう聞くと、思考力を伸ばすために子どもに何を与えればいいのか、何をさせればいいのかと不安に思う親御さんもおられることでしょう。

この章では、のんちゃんというごく普通の子どもの、ごく自然な姿を通して、「ほら、今この子の中に思考力に繋がる芽が顔をのぞかせていますよ」と、読者の皆さんにお伝えしています。

各エピソードの彼女の姿は何も特別なものではありません。穴ぼこやこぼした水の滴りに夢中だったのんちゃんのように、子どもは好奇心に誘われて、興味の対象に自分から積極的に関わっていこうとするものです。そして、そのような主体的な関わりの繰り返しがきっかけとなり、物の性質や仕組みに気付き、様々なアイデアを閃いては試し、失敗しては考えを調整し……そうして思考力の芽が育っていきます。

日々の何気ない生活は、大人にとって変化に乏しく感じられても、この世に生まれ落ちてまだ間もない子どもたちにはたくさんの「！（＝驚き、発見、感動など）」や「？（＝不思議、疑問など）」で埋め尽くされた、思考のタネの宝庫です。なんでなんで？の質問攻撃を通して、気に入ったタネをキャッチし、それを大切に育てていこうとするのが子どもの自然な姿です。

思考力を伸ばそうとドリルや習い事のチョイスに悩まれているご家庭もあることでしょう。もちろんそれも間違いではありません。がしかし、まずはぜひ、毎日の子どもの姿をつぶさに観察し、その好奇心にじっくり付き合ってあげてください。そうすれば、子どもが「！」や「？」との出会いで心動かされる瞬間に立ち会えるはずです。

大人の価値観や常識を当てはめると「単なるイタズラ」に映る行為も少なからずあるでしょう。でもそれは実は、未来を自ら切り拓いていくために必要な「思考力」のタネを掴み、育もうとしている瞬間なのかもしれません。看過できない危険な行為でない限り、大人側も少し心を緩めてみる、そして我が子の生まれ持った好奇心をフル稼働させ、そのいきいきとした興味関心を応援する。そんな環境を作ってあげることができたら、子どもはもちろん、きっとパパやママも子の眼差しを通じて発見や成長を楽しめるのではないでしょうか。

ぜひ、お子様の思考力が芽吹くかけがえのない瞬間に接してください。それは私たちが親を務める大いなる喜びのひとつだと思います。

ねやがわ成美の森こども園　木下千夏

7人目
お騒がせファーブル　がっくん

オレのこの手はダンゴムシたちを転がすために。虫との熱き交流を求めてこども園にやってくる小さなファーブル、飛べないナウシカ、それががっくん。基本的に虫ならみんなお友達。ただしちょっと大きめのやつは、オラついてるので近づかない。あと恐竜もお友達。全然会えないのはなぜだ。

DGM《ダンゴムシ》46を推し活中。

春の日の贈り物

陽気な風が頬をくすぐる清々しい春の朝。園庭で体をほぐす先生の元に、そんな気候にふさわしい澄んだ笑顔で、遠くからがっくんが駆け寄ってきました。

「せんせーねぇねぇ！ オレの宝物ちょっとだけ分けてあげる！ おてて貸して！」

「ほんと？ 何をくれるのかな？」

先生は気分よく手のひらを差し出します。「はい！ どうぞ！」。と、その瞬間に春の陽気は消え去って、先生の背筋はひどい寒波に襲われました。どっさりと山盛りに手渡されたのは、まごうことなき灰色のダンゴムシ。うごめいたり、丸まったりと手の上で持ち前のダンゴムシらしさを惜しまず披露しています。

「………。うわー、すごいね！」

声色ひとつ変えることなく感心してみせる先生。保育士のプロ魂をこんなに自分に感じたことはないと後に語っています。

「せんせーなら喜んでくれると思てん！ やっぱりや！」

虫嫌いの自分の何がそう思わせたのか、両肩をつかんで尋ねたい。

「がっくん、どうもありがとう。でもこの子たちはキミの大事なお友達でしょ？先生の代わりにがっくんが遊んであげてくれるかな？」

彼は「いいよ！」と気前のいい返事をし、両手をダンゴムシの器にして走り去っていきました。大きく息をこぼしてただ立ち尽くす、春が戻らぬ先生でした。

園長先生の一言

大人と子どものギャップのひとつが「虫」との距離感なんですよね。とりわけダンゴムシの「もらい事故」は繰り返し起こる、こども園や保育園の「あるある」です。しかし、このがっくんのケースは過去に例のない大事故でしたが……。ちなみにダンゴムシって正確には甲殻類だそうですね。

カブトムシ失踪事件

最初にその異変に気がついたのは、朝一番に登園してきた昆虫好きのがっくんでした。保育室の後ろの棚に据え置かれている飼育ケース、そこにいつものカブトムシの勇姿がありません。上部のフタが半開きになっていて、どうやらそこから脱走を図った模様です。

「うわぁぁーーー！ おらへん！ おらへん！」。がっくんは朝からプチパニック状態に。無理やり手を引っ張って連れてきた先生と室内を隈なく捜索します。床をはいまわって探すこと数分……ついに。

「あぁ、おったぁぁーー!!」彼の歓喜の叫びが朝のこども園にとどろきました。脱走カブトは机の物陰に黒い体を溶け込ませ、息を殺して潜んでいました。


「おお! がっくんよかったね!」

「うん!」

「さ、捕まえて」

「えっ? 無理やで。オレ怖いもん」

はい？？　さすがの先生もひざから崩れ落ちそうになりました。昆虫愛とは関係なく、図体の大きい「イカツイ系」はケース越しに眺めるだけ。直接触るなど不可能すぎる……。結局、その怖い怖いカブトムシは先生の二本の指にひょいとつままれ、ケースに戻っていきました。

園長先生の一言

ダンゴムシなら山盛りでも平気なのに、カブトムシは絶対ダメ。多くの大人はむしろ逆ではないでしょうか。きっとカブトムシも「オレ結構人気者なのに……」と、少し落ち込んだかもしれません。

抜け殻ファッション

セミの抜け殻、それは夏の訪れとともに大流行するキッズのファッションアイテムです。胸やら肩やらに抜け殻をつけて園児たちがはしゃぐ姿は、こども園の暑い盛りの風物詩。とりわけその年は、いつにも増してにぎやかな「セミフェス」となりました。

ことのキッカケはがっくんです。「ほら、こんなに取ってきてん！」。なんと茶色いセミの抜け殻で帽子の中がモリモリです。がっくんはそれを服の至るところにくっつけて、ええやろ〜！と大きく胸を張りました。そんな攻めたオシャレを見せつけられたら他の園児たちもたまりません。ボクも、ワタシもと抜け殻集めに目の色を変えて奔走します。

やがていつもの保育室は、抜け殻コーデを

颯爽とまとう園児たちで溢れ返りました。まるでランウェイを歩くトップモデルのように、誰もが自信満々です。その日から、ひと夏限りの抜け殻ファッションウィークが子どもたちの間で開幕しました。

園長先生の一言

こども園を卒園しても、セミ採りの卒業はまだまだ先。セミとのつきあいは小学校高学年まで、身近に延々と続いていきます。夏が来るたび、生き物とのふれあいを子どもたちに教えてくれ、その上、お古の服まで気前よくくれるのだから、ありがたい昆虫です。

殻《がら》ズコレクション
うわぁ

時空を超えて

二歳の頃のがっくんは、数あるこども園のイベントの中でもその日の訪れを待っていました。ロバや羊、リクガメからポニーまで、さまざまな動物が団体様でやってくる「ふれあい動物村」の日です。

頬を赤らめワクワクする彼の姿を微笑ましく見ていた先生、優しく目を細めて質問します。「がっくんは特に何の動物に来てほしい？」。言うまでもないという調子で彼は答えたのでした。

「ティラノサウルス」

そのワクワクでしたか……。呼ぶには

時空の彼方すぎる。先生はちょっと心苦しそうに恐竜は来られない旨を伝えるのでした。

園長先生の一言

園児の間で不動の人気を誇るのが、ご存じアンパンマンと太古の生物・恐竜です。「時代を超えて愛されている」とはまさにこのことですね。残念ながら、生きているティラノサウルスの隣に立つには布団の中で目を閉じるしかありませんが。

グリーンフレンド

がっくんが二歳の頃の優しいお話。

突如、保健室のドアが開き、がっくんが慌てて飛び込んできます。「お友達がお熱で倒れてる！」そんな彼の速報に、看護師さんは床を蹴って立ち上がりました。がっくんに先導されて大急ぎで駆けつけると、そこはこども園の野菜畑……？彼が指差す先にはミニトマトの茎が一本、パタリと力なく倒れていました。支柱に固定するクリップがどうやら外れてしまっていたようです。

「たぶんお熱や！お熱何度かはかってあげて！」

自然が大好きながっくんにとっては、植物だってお友達。その目にはトマトがしんどそうに寝込んでいるように映ったのでしょう。看護師さんはクリップを再度取り付け、トマトの茎を立て直します。

「さ、これでもう元気、元気！　でもがっくんのお友達、ちょっと喉が渇いてるみたいだね。お水をたっぷりあげてくれる？」

聞き終わるよりも前に、彼はジョウロを取りに一目散に駆けていました。

園長先生の一言

動物や昆虫と同じ感覚で、植物をも愛おしむ。彼の優しさと同時に、すべての生き物が横一線に存在するそんな世界観にも面白さを感じます。もちろんやがてはがっくんの中でも、虫は虫、植物は植物という風にキッパリと境界線が引かれるはず。しかし、身近な生き物を大切にする気持ちはずっと忘れないでいてほしいですね。

7人目の解説

自然との関わり・生命尊重

我が子がじっと地面を覗き込んでる、と思ったらそこには小さな虫の姿が……なんて経験はありませんか？ 子どもたちにとって外の世界は未知ばかり。毎日が驚きと発見の連続です。何でもない雑草や落ち葉さえ、子どもにとっては珍しくて仕方がないのです。「自然との関わり・生命尊重」といえばずいぶん大袈裟に響きますが、なんてことない、草や葉や虫のような身近な動植物との関わりを指しているわけです。あるいは、風や雲、陽光のような自然現象。その一つひとつが子どもにとっては心躍らす不思議な存在といえるでしょう。

しかしながら近年では、都市化や少子化の影響もあり、自然とふれあえる機会や場所が減少しています。大阪にある私たちの園では子どもたちが自然と十分に関われるよう植栽にこだわり、また野菜を育てて収穫するなど、その環境を整えています。植物が多い場所には虫も集まってきます。そうして園庭は虫たちの遊び場にもなり、多くの園児がいつも目を輝かせています。

様々な自然物の中でも子どもはとりわけ虫が気になるようで、その飼育は生き物の営みを感じる上で最も身近かつリアルな体験といえるでしょう。丁寧に世話をし、成長を観察する経験を通して子どもは生物に愛着を覚え、虫のみならず広く生命に対して慈愛の気持ちを抱くようになります。またそれは野菜の栽培も同様で、月日とともに「葉っぱが増えてる」「大きくなってきた」と生長のドラマが肌身に感じられ、さらに収穫を通して食べ物の尊さを知ることができます。豊かな四季の巡りを実感できるのも植物栽培の良いところですね。

動植物への興味や愛情にあふれた本章のエピソードですが、「大切にしよう」と子ども自身が思うまでの過程は経験や体験があってこそです。自然とのふれあいで感じた「不思議」は「好奇心」になり、「好奇心」から知りたいという「探求心」へと心情が移り変わり、見る・触る・聞くなど、五感を使うことで気付きや発見につながります。年長児になると、動植物に関する図鑑を広げて答えを探ろうとするでしょう。生き物は子どもの知的欲求を刺激します。そして飼育や観察などの行動にいざない、その行動がぐるりと巡って「生命尊重」を促すことになるわけです。

一歩外に出て、周囲の緑を見回すだけで子どもは胸ときめき、その興味が広がります。例えば散歩のときなどに、隣の我が子がいま何に心を動かされたか意識してみてはいかがでしょうか。そして、その一匹の虫、一本の草花の不思議さをぜひ子どもに問いかけてみてください。

ねやがわ成美の森こども園　菅　鈴香

せかいの

「あ」のつく単語といえば、アンティグア・バーブーダ。

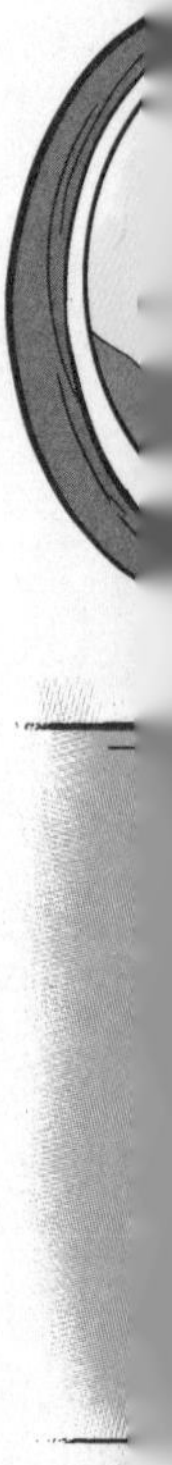

8人目
しりとり界のトリックスター
えいとくん

最近のえいとくんは「デビュー」の連続。数字デビュー、信号デビュー、しりとりデビュー。その形に意味があるとは！　その色には役割があるのか！　先人たちのさまざまな叡智が彼の頭脳に高速インストールされている。といっても、無難に使いこなすのはちょっと先の話である。

マニアな園児

単語の習得を兼ねて、園児たちは先生と一緒にしりとり遊びの真っ最中です。中には、ゲーム内のアイテム名やアニメのセリフを口にする子もいて、そういうのはナシだよ〜と先生が説明します。「お話の世界の言葉じゃなくて、生き物とか乗り物とか、図鑑に載ってるようなお名前をあげていこうね」。

「パパイア」の「あ」でバトンが回ってきたのは、図鑑好きのえいとくん。彼は自信たっぷりに胸を突き出し、答えました。

「アンティグア・バーブーダ！」

「えっ？？」

先生も含め、全員の頭の上にハテナマークが踊ります。

「えいとくん、ゲームの呪文とかはダメだよ」

「呪文ちゃうで。国の名前やで」

「ホント？？」

思わず先生も聞き返してしまいます。そそくさと図鑑『世界の国々』を開いて、みんなで頭を寄せ合いページをのぞき込みました。と、「あった！」。カリブ海の東に浮かぶ小さな島国、アンティグア・バーブーダ……。それは確かにありました。たちまち「すげー！」の目線が束になって飛んできて、えいとくんは鼻穴を開いてドヤ顔です。

その後、クラスで巻き起こったのが「とびきり長い国名」ブーム。「グレートブリテン及び北アイルランド連合王国！」や「サントメ・プリンシペ民主共和国！」が「おはよう！」と同じノリで飛び交う朝が続きました。

園長先生の一言

図鑑の影響で、乗り物や星座、魚、恐竜など、興味あるテーマについて丸暗記しているお子さんをときどき見かけます。えいとくんは、そんな中でも「国」にハマったようですね。国名だけでなく国旗もワンセットで覚えているようなので、そういう図形や記号性に心惹かれたのかもしれません。

信号が黄色のとき

冬の寒さが段々と和らぎ、小学校の入学が近付いてきたえいとくん。一人でも安全に下校できるように、信号の意味をお母さんと一緒にひとつひとつ復習です。

「赤信号は？」

「止まる！」

「青信号は？」

「進む！」

「じゃあ、黄色信号は？」

「突き進む!!」

……違います。暴走行為はお控えください。

改めてその色の意味をお母さんに教

えてもらい、えいとくんの入学にもようやく青信号が点ったようです。

園長先生の一言

はい、突き進んではいけませんね……。ただ、平然と突き進んでしまう大人が少なくないのもまた事実。実はそんな影響もあるのかもしれませんね。

Q.あなたにとって黄色信号とは？
突き進む…！
ダメよ!!
えいとくんママ

気まぐれカウントダウン

二歳の頃のえいとくんは車のおもちゃにハマっていました。

「5、4、3……」、そんな先生のカウントダウンで車を床にスタンバイ、「0」でパッと手を離して勢いよく走らせます。

ある日、ひとしきり遊んだところで、「はい、せんせーの番!」。えいとくんは愛車を先生に手渡します。そして、自分は発射合図をすることに。

「せんせー、いくでー!」

「いいよー!」

先生は床に車を置いて、四つんばいでカウントダウンの声を待ちます。と、身構えていたら……。

「2!」

えっ、2??

「……7、8、4、9、0!」

スタート、むず! むっず! えいとくんのカウントダウンは、ほとんど電話番号です。

そんなわけで、お片付けのあと「10までの数え方」を誰よりも早く教えてもらったえいとくん。図らずも、数のお勉強でもスタートダッシュを飾ることになりました。

園長先生の一言

彼はきっとカウントダウンは、ただの掛け声だと考えていたのでしょう。「よーい、どん」のように。思えばリンゴやミカンと違い、目に見えない「時間」の残量を数えるわけで、二歳児にはかなり高度なのかもしれませんね。

ヒコーキのバンソーコー

園庭で片足を抱え込み、えいとくんはギャン泣きが止まりません。追いかけっこの最中に派手に転んで、ひざ小僧を擦りむいてしまったのです。駆けつけた看護師さんが取り出したのは……「あ、ヒコーキのバンソーコーや！」。取り囲んでいた園児たちが目ざとく気付き、ざわめきます。

保健室にはふたつの絆創膏の用意があります。ひとつはただの「バンソーコー」。そして、もうひとつがとっておき、看護師お手製の「ヒコーキのバンソーコー」。その名の通り飛行機のイラストがあしらわれた……まぁやっぱりただの絆創膏です。

ちゃんと「コツ」があるのです。あの恒例の「おまじない」をいつもの倍の声量で気合いを込めて唱えること。「えいとくん、よぉく見ててね……痛いの痛いの！　飛んでけー！」、すかさずペタリ、それからさらに手振りを加えて、看護師さんはもう一段階大きく声を張りました。「飛行機に載って、飛んでけぇー!!」。その瞬間、えいとくんの痛みは飛行機に載せられます。そして、青空の彼方へと遠ざかっていくのでした。
ひざには飛行機のバンソーコー、ほっぺには涙の跡。彼は午後の明るい日差しの中に全力疾走していきました。

園長先生の一言

例えば顔文字やトイレマークのように、「絵→意味」の読み替えは意外と日常のことだと思います。ごくローカルではあるものの、今回の絆創膏もそういう「飛行機→飛び去る」という記号の魔法。言葉とは違い、目で見て直感的に頭に入ってくるので、その分だけ暗示力が強いのかもしれませんね。

不思議な数え方

車は一台。鳥は一羽。おウチは一軒。
モノによって数え方はいろいろなんだよ、
そんな「単位」の話を先生に初めて教わっ
た園児たち。なかでもえいとくんはそんな
初耳話に人一倍惹かれるたちで、翌日早速、
習ったばかりの単位のひとつを意気揚々と
使っていました。

「ボクんちには二匹おるで！」、そう張りきって「匹」を付けるえいとくん。

彼に影響されて、みんなも「匹」を付け始めます。

「ウチも二匹や」

「ワタシんちは昨日増えて三匹やで」

「オレんとこは一匹だけや」

最初は飼い猫の話で盛り上がっているのかと考えていた先生でしたが、途中で耳に届いたのは「遠足」というキーワード。もっと増やさなあかん……、絶対晴れがええわ……、そんな彼らのやりとりで「なるほど」とピンときます。えいとくんたちが数えていたのは、自宅の窓辺に吊り下げたテルテル坊主の数でした。

テルテル坊主って「匹」なんだ……。えいとくんのテルテル坊主には、猫のようにお尻に尻尾がついているのかもしれません。

園長先生の一言

結局、テルテル坊主はどの助数詞で数えるのが正しいのでしょうか。「一個」？「一体」？ どちらもちょっと違和感が残り、少し面白いですね。ちなみに日本語の助数詞の数は五百種類にも及ぶそうです。

8人目の解説

数量や図形、標識や文字などへの関心・感覚

「数量」「図形」「標識」「文字」と聞くと、いささか勉強色を感じます。数の数え方や文字の書き方を教えればいいの？とお思いになるかもしれません。実際はそういった難しいことより、まずは日常生活の中での経験や遊びを通して、自然とふれあうことが大切だと考えます。子どもたちの関心が身近な場所で喚起され、その結果「もっと知りたい」「もっと使ってみたい」「もっとやってみたい」と意欲が誘われる、そこに重きを置くのはどうでしょう。

私たちの園では、しりとりやなぞなぞなどの遊びを通して言葉や文字への関心を深めていきます。積み木遊びを通じて「高い、低い」「多い、少ない」をさりげなく教え、同時にどの図形をどう重ねたら上手に積み上がるかを思考させ、折り紙や画用紙を使うときはその枚数を調べてもらい、ボードゲームなら得点を数えてもらう。普段の何気ない遊びの中で知らず知らずのうちに文字や数量、図形にふれあえるように工夫するわけです。

また園内にあるロッカーや保育室のマークなどを自然と目にする中で「標

識（サイン）」の存在を確認させ、やがて交通標識にも興味を広げます。街で見かけた標識が何を意味するのか、図鑑を活用して調べればなお興味が深まっていくことでしょう。

ただでさえ数字や文字は幼い子どもには難しく、もし押し付けられれば、簡単にそれらを嫌い、苦手意識を抱きかねません。難しいことほど、ごく自然に楽しさの中に。本章エピソード「マニアな園児」では、えいとくんから周囲の子どもたちへと「国名って面白そう」がナチュラルに伝播しました。また「気まぐれカウントダウン」では、「数字なるもの」を使ってみたい彼の興味がその後の学習につながりました。胸中に関心の熱があるがままに生まれ、図らずも広がりを見せる、そのプロセスを大切にしたいものです。「もっと知りたい」「もっと使ってみたい」「もっとやってみたい」という気持ちは、自らの関心ごとを追求する「最後までやりきる力」につながっており、そうした見えない力（非認知能力）をも同時に育てているわけです。大人は決して押し付けず、上手にフォローしながら、本人の好奇心を深めていけるように心がけていきましょう。

こもれびこども教室　中尾絹代

9人目
暴走コメンテーター　チーコちゃん

言葉という道具を初めて手にして振り回したり、振り回されたり。とにかく、おしゃべりが大好きなチーコちゃんは、事故りながら覚えるタイプ。言い間違いも、聞き間違いも意に介さずに果敢にトーク。いつかは手紙もしたためたいけど、この愛、ホントに伝わるかなぁ……。

こども園のゲストをドロボー呼ばわり。

ドロボーのお姉さん

朝からこども園にお招きしたのは、近くの女子高の吹奏楽部の皆さんです。園児も先生も楽しみにしていた「ふれあいコンサートの日」がやってきました。おしゃべり大好き、コミュ力高めのチーコちゃんは、演奏前からふれあいスタート。お姉さんたちににじり寄り、楽器の名前を一つひとつ教わります。

その後、コンサートが幕を下ろすと、吹奏楽部の皆さんが出題者となりクイズ大会が始まりました。

トロンボーンを手に持ったお姉さん、「さて、この楽器はなんて名前でしょう？」。まさにチーコちゃんに捧ぐサービス問題に他なりません。

「はいはいはいはい！」

もちろん彼女は全力挙手です。

「はい、チーコちゃん！」

指差して、

彼女は立ち上がり、ビシッと真っ直ぐお姉さんを

「ドロボー！　ドロボー！　ドロボーやで！」。

声量ののった計三回ものドロボー呼ばわりでした。

表情の引きつる先生たちをよそに、チーコちゃんは清々しく胸を反らせてみせるのでした。

園長先生の一言

「こちょれーと（チョコレート）」や「おこさらまんち（お子様ランチ）」など、幼い子どもの言い間違いは音の順番が入れ替わるタイプが多いような気がしますが、チーコちゃんの間違い方はユニークですね。いずれにしても、誰かと会話を始めたばかりの「言葉の初心者」なら言い間違いの一つや二つ、気にせずどんどん話してもらいたいものです。

ドロボーやでドロボー!!
ホラ!
完全にドロボーやん!

クイズビギナー

おしゃべり好きのチーコちゃんは、数あるこども園の遊びの中でもクイズの出し合いっこがお気に入りです。ある日の自由時間のこと、彼女はいつも通り息巻いて先生に三択クイズをぶつけました。

「あのね！ワタシの大、大、大好きな食べ物はなんでしょーか？」

「一番！うどぉーん！」

「二番！………うーんと、えーと、オムライス！」

「三番！………えっと、じゃあねぇ、ハンバーグ！」

「さて、どれでしょーか！」

……一番だろうな。

ひとまず先生、首をひねってみせるのでした。

園長先生の一言

クイズやなぞなぞは言葉だけで成立する遊びで、かつ対話も生まれやすく、幼児期のコミュニケーション学習にはうってつけ。ちなみに、このエピソードは給食のうどんを食べた直後のことだそうです。

全肯定の手紙

季節は春を間近に迎え、年長さんの卒園の日が迫ってきました。ひらがなを覚えた彼らの中には、お世話になった先生に手紙を書いて手渡す子も。「おしごと、がんばってね」「ずっとげんきでね」「またあそぼうね」そんな簡単な文面ですが、もらった先生はその一行《いちぎょう》から底なしのパワーを受け取ります。

例に漏れず、卒園を控えて手紙をしたためたチーコちゃん。帰り際、いつになく先生の前でモジモジとうつむき、お母さんに促されるカタチでぶっきらぼうにその手紙を差し出します。

「はい！ せんせーあげる！」

「ありがとう！ あとでゆっくり読ませてもらうね」

その日も園児を一人ひとり見送って、先生が手紙を取り出す頃にはすっかり夜になっていました。フゥとようやく息をつき、折りたたまれた便箋を広げます。そこには一生懸命な字でこんな言葉が綴られていました。

「せんせいへ。いてくれてありがとう。」

ふいの全肯定。自分の存在をまるごと感謝されたのは初めての経験でした。油断していた先生はしばらく天井をただ見上げ続けるのでした。

園長先生の一言

先生を大好きすぎるチーコちゃんの深い気持ちがその一行から伝わってきます。こんなうれしい手紙は長い人生でもそうはもらえないでしょう。手紙というカタチを取らずとも、園児がくれた一言を宝物として胸にしまっている先生は多くいます。保育士という仕事は与えるばかりではありません。

初めての会話

チーコちゃんが初めて口にした単語は「アンパンアー」。一方で、彼女のお母さんは、チーコちゃんが初めて交わした「会話」もしっかりと覚えています。そのとき、彼女はまだ一歳の誕生日を迎えたばかり。体調がいまいち優れず、小児科を受診した日のことでした。

「今日はチーコちゃん、どうしました？」

「ここ二、三日、鼻水が止まらない様子で……」

「おーーぅ！」

突然、威勢のいい相槌をチーコちゃんが打ちました。さらに……。

「じゃあ、ちょっとモシモシするね」

「おーーぅ！」

「………はい、おそらく普通の風邪でしょ

うね」

「おーーぅ！」

「鼻水のお薬、お出ししますね」

「おーーぅ！」

「お返事、上手だね〜」

「おーーぅ！」

チーコちゃんの初めての会話は、お医者さんとのご機嫌なやりとり。我が子の体調を案じながらも、その成長にうれしさが混じる、お母さんにとっては思い出深い一日になりました。

園長先生の一言

きっぷのいいお返事ですね。「ママ」や「ブーブー」など、知ってる単語を気まぐれに発する「言葉の壁打ち」から、いよいよ意思を交わし合う「言葉のキャッチボール」へ。その子の個性がよりくっきり現れるのもこの頃のように思います。

無茶褒め

「あ、せんせー、髪切ってる！」

ヘアスタイルを変えた翌日は「おはよう」よりも早く、目ざとい園児たちから相次いで指摘が飛んできます。なんなら「かわいい！」も惜しまず連呼してくれるので、先生たちもまんざら悪い気はしません。大好きな先生を喜ばせたい！　あるいはそんな無垢な愛情も言葉に込めているのでしょうか。

が、中にはヘアスタイル以外の変化にも気付く妙に鋭い子がいます。チーコちゃん、その人です。なぜか彼女はアイシャドウの違いも敏感に悟り、そして無謀なことに褒めようとします。

「まぶたの色がおもしろい!!」

チーコちゃんの無茶褒めにつられて、周りの園児たちも口々に際どい賞賛を浴びせます。

「目がすげー!」

「目がかっこいい!」

「目がヤバい!」

みんな、ありがとう。それくらいで許してください……。

園長先生の一言

子どもたちの目はそろって善意でキラキラしていたそうです。善意の行動の裏目ほど恐ろしいものはありません……。

9人目の解説

言葉による伝え合い

本章のチーコちゃんはそもそもどうしておしゃべりが好きになったのでしょう。その理由のひとつには、彼女の発言が不思議だろうと間違っていようと受け止めてくれる身近な大人の存在があったことが挙げられると思います。

親子のコミュニケーションは生まれたときから始まります。不快を伝えるべく泣き声をあげる赤ちゃんに「おむつかな」「お腹すいたね」などと声をかけます。あるいは言葉にならない赤ちゃんの「あー」「うー」にも「なあに？」と親は返します。そんな応答を繰り返していくことで、子どもは「自分の思いに応えてくれる」と信頼を寄せ、より自分の気持ちを表現しようと思えるようになるわけです。

言葉を覚え始めた子どもたちは、それらを思うがままに使ってコミュニケーションを楽しもうとします。が、やはりまだ彼らは「仮免許」の段階です。思わず笑みがこぼれるような、かわいい言い間違いや用法の思い違いは決して珍しくありません。大人でも言い間違いをすることはよくありますが、大勢の前で「それは違う」と指摘されると委縮して話しにくくなってしまいますよね。その点は子どもたちも一緒です。「違うよ、これはこうだ」と頭ごなしに否定されると、積極的に話したいとは思わなくなってしまいます。子どもとの会話で大切にしたいのは「何が正しいのかを判断すること」ではなく「じっくり聞くこと、受け止めること」なのです。子どもたちが遠慮なく話せるように、ぜひポジティブな言葉のキャッチボールを意識したいですね。

自分の思いを日常的に受け止めてもらえると、そんな大人の姿を鑑とし、子ども自身もまた友達の声に丁寧に耳を傾け始めます。すると仲間から愛され、それのみならず、自分と異なる様々な考えがあることに気付きが得られ、気持ちに折り合いをつけたり、相手を認めたりすることにつながります。将来、多様な人間と友好的に関われる心の土壌が築かれていくのです。

大人の態度によって、子どもの「話したい！ 伝えたい！」が大きく変わること、そしてそれは、子どもの「相手側の話もちゃんと聞く」姿勢をも左右することを忘れず子どもと関わっていきたいですね。

ねやがわ寝屋の森こども園　山内菜美

自由の女神より
フリーダム。

10人目
夢想系アーティスト
はなちゃん

口を開けば詩人のよう。筆を取っては芸術家のよう。感性たくましい自由奔放なアーティスト、それがはなちゃん。天才なのか天然なのか、大人の目には紙一重だけど、どう思われようと本人はつねにあるがまま。鋭い観察眼で不思議な言動を繰り返し、先生たちを惑わせている。

女神に自由を

図鑑『世界の国々』を床に広げて、真剣にのぞきこむはなちゃん。ハの字に開いたページにはアメリカの象徴・自由の女神が写真付きで紹介されていました。雨の日も風の日も空に向かって背筋を伸ばす、台座の上の女神の威容に、彼女が一言。

「……自由の女神って、自由にしてんのかなぁ」

確かに……。たまには女神も台座をぴょんと飛び降りて、大股でどこかへ走っていきたいのかもしれません。その視点はなかったなぁ……と隣で妙に感心してしまった先生でした。

園長先生の一言

大人が図鑑を真面目に開くと、当然そこから知識を得ようとするはずです。けれども子どもは違う。そもそも図鑑なるモノへの固定観念がないので、向き合い方が「自由」ですよね。子どもの発想力の根っこには思い込みのなさがある気がします。

モノマネチョイス

昼下がりに保育室から聞こえてくる、弾むようなピアノの音。先生の演奏に合わせて思い思いにモノマネをする表現遊びの時間がやってきました。モノマネがキライな園児はこのこども園にはまずいません。とりわけ動物のモノマネは、どんな子にもレパートリーがある鉄板中の鉄板です。

「さぁ、次のまねっこ、いってみよう！」、そんな先生の掛け声で「犬のおまわりさん」のピアノ演奏が始まります。軽快な歌とリズムにのって、四つんばいで走り回る子、ワオン！ ワオン！と遠吠えする子……。誰もが競い合うように「自分の犬」を表現します。

そんな中、なぜかカカトを揃え、まっすぐ立ち尽くしているのははなちゃんです。それからオデコの前に力強く右手をかざして……え、敬礼!? 先生は驚きのあまり十本の指がこんがらがるとこでした。彼女がモノマネしたのは「犬」ではなく「おまわりさん」！ まさかそっちを選ぶなんて……。彼女のその逆さまの発想力に、先生もまた「脱帽」する思いでした。

園長先生の一言

目のつけどころも素晴らしいし、別に一人だけみんなと違って構わない、そんな「私は私」なところも素敵だと思います。モノマネとは、つまり何かになりきる「ごっこ遊び」のこと。もしかするとはなちゃんは警察官に憧れていたりするのでしょうか。

ちょっと月まで

「もうすぐお月見だね～」。自由時間に先生は、そんな季節の話題をはなちゃんに持ちかけます。

「はなちゃんは、お月様を見たことはあるかな？」

「あるよ～」

「どこで見たの？」

「えー、どこって。お月様の上で〜」

はい？　彼女の一見アサッテな返答に、先生はパチパチと瞬《まばた》きを繰り返すことになりました。

「月の上で月を見た……ってことは、月にお出かけしたってこと？」

「そうやで〜」

「どうやって行ったの？」

「ママの自転車に乗って行ってん」

なんでそんなこと聞くの？という風に、はなちゃんはいたって真顔です。やがて他の園児たちも口々に……。

「オレも行ったで」

「ワタシもパパの車で行った」

「月、結構近かった」
「デコボコしてた」

なんだ、うちのクラスはかぐや姫、かぐや太郎の集まりだったか……。先生は段々、月に行ったことのない自分の方がおかしいような、奇妙な感覚に陥るのでした。

園長先生の一言

ふと見渡せば、地球人は一人だけ。さぞや先生は心細かったことでしょう（笑）。ママのお腹にいた頃を覚えている、そう真面目に話す子どももいます。子どもの記憶には計り知れない摩訶不思議さがありますね。

ゴゴゴゴゴ
クレーターのうえにちゃくりくするとちょうどええねん
え…まさか事実なの…？

ありし日の眺め

その日の散歩は、ワンシーズンぶりに大きな芝生の公園へみんなで足を延ばしました。草にまみれてはしゃぐ大勢の園児たち。そんな彼らをよそに、はなちゃんは一人、ベンチに腰掛け、公園の植木や遊具をただ静かに見渡しています。やがて万感を込めてつぶやくのでした。

「あぁ……懐かしい。昔来たなぁ」

まるで数十年ぶりのような数ヶ月ぶり。目を細め、しみじみとありし日に思いを馳せる四歳児の姿がありました。

園長先生の一言

まだ数年しか生きていない子どもにとって、数ヶ月という期間は、あるいは大人にとっての数年、数十年くらいの長さに感じられたりするのでしょうか。面白い、興味深い話です。

お絵描き衝動

それははなちゃんが四歳の頃の衝撃事件。

発想力豊かなはなちゃんはお絵描きだってもちろん得意。画用紙を渡すや、ゴウゴウと創作意欲が燃え盛ります。その日も思うがままにクレパスを走らせ、色鮮やかな前衛アートを次から次へと生み出していました。

がしかし、「みんなそろそろ、お昼寝の時間ねー」。無情なことにお絵描き遊びは終わりの瞬間を迎えます。そうして彼女の愛する画用紙は、先生とともに保育室の外へと消えていったのでした。

あぁ、私に白紙をくれ……。どこかに素敵な余白はないものか……。ぐつぐつと湧いて尽きないマグマのような創作意欲は、やがて思わぬ出口を見つけることになりました。

室内に戻ってきた先生たちは目撃することになったのです！　青色の手足！　緑色の顔！　クレパスでボディペインティングに打ち込む彼女の姿を……。振り返ったはなちゃん、その口元から真っ白い歯がこぼれました。

園長先生の一言

芸術は爆発だ！　なんて台詞が思い浮かぶ、大胆すぎるはなちゃんですね。せっかくの体を張った芸術でしたが、手洗い場で泡と消えてしまったそうです。

10人目の解説

豊かな感性と表現

子どもは、様々な物事に触れるたび「まっさらな心」でそれを受け止め、「面白い！」「不思議！」「きれい！」と小さな胸を震わせます。そして、こうした感動体験を積み重ねていくことで、豊かな感性が育まれていきます。乳幼児期の心の体験は、自分の中で感じたことを思うがままに表現するための「創造性の基盤」といえるでしょう。

本章で紹介している表現力に富んだはなちゃんも、きっとそれ以前の感動体験の影響を大いに受けているはずです。この世の「面白い！」を細やかに感じ取れる感性豊かな彼女は、同時にオリジナルの表現でアウトプットすることも得意。一見生まれ持った資質に恵まれていると考えがちです。が、決して先天的な要素のみではなく、身近な大人たちが色とりどりの体験を提供し、はなちゃんの興味関心を押し広げてきた、その働きかけの成果でもあるのです。個性や才能が花開く陰には、周囲の人間の惜しみないサポートが欠かせないと思います。

私たちの園では表現遊びをふんだんに取り入れており、結果、好きなことに夢中になる多くの子どもを見てきました。絵を描くことが好きな子、歌うことが好きな子、運動が好きな子、絵本を読むことが好きな子、虫が好きな子、花が好きな子などなど、興味関心のアンテナの向きは子どもによって異なります。我が子の興味がどこに向けられているか、日頃の観察が大切です。そして、好きなことを思う存分掘り下げられるように、多彩な素材や体験を用意してあげたいものですね。

金子みすゞの詩を引用し「みんなちがってみんないい」とよくいいますが、他者とは違うその子ならではの眼差しに共感してくれる人がそばにいたら、きっと子どもは安心して自分の「面白い!」「不思議!」に向き合うことができ、自由なカタチでその個性を発露することができるでしょう。また、そんな子どもが集まれば、コミュニティ自体も他者との違いを認め合うインクルーシブなものへと育っていくはずです。

幼いうちから感性を解き放ち、熱中できる何かと出会う、それは胸高鳴る豊かな人生を送るための第一歩ではないでしょうか。

ねやがわ寝屋の森こども園　田中恵理子

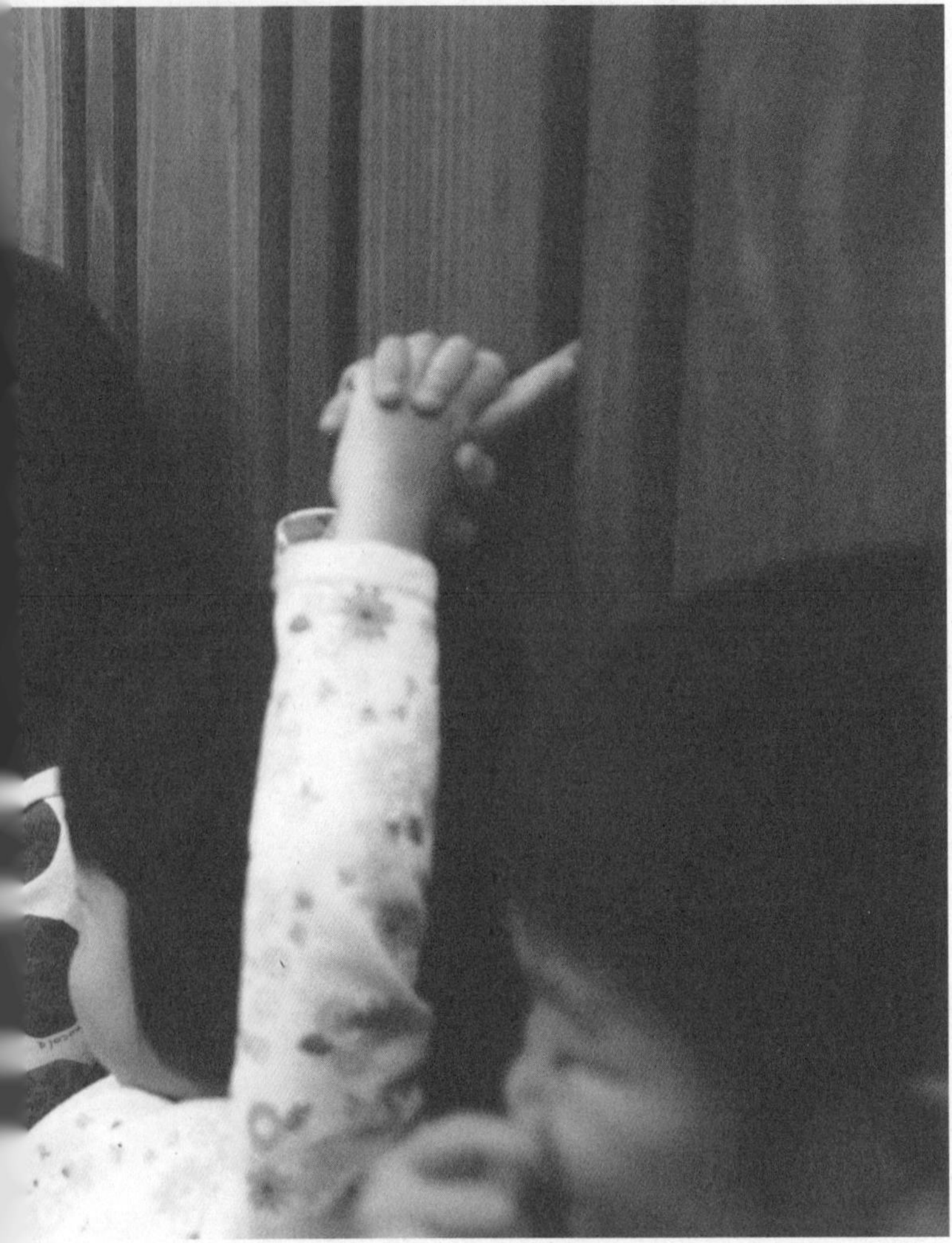

あとがき　―保育者の視点から―

本書『ある10人のこども』をお読みいただき誠にありがとうございます。「このエピソード、我が家(我が園)でもあるある!」と共感された読者の方もきっといらっしゃると思います。本書は、大人の一生懸命さと子どもの天真爛漫さが混じり合ったときに生まれる普遍的なユーモアにあふれており、生まれてまだ六年に満たない子どもにも人生のドラマがあることを教えてくれます。

社会福祉法人 大阪誠昭会の園の先生たちは、愛情をもって一人ひとりの子どもに関わり、その子の発達や個性を理解し、「ここをもっと伸ばしてあげたい」と願いながら保育を行っています。紙面からはそんな情熱もまた伝わってきたのではないでしょうか。

さて、本書を手にとってくださった方は、そもそも「なんで10人なの?」と疑問を持たれたかもしれません。それは、私たち保育者のバイブルである「保育所保育指針・幼保連携型認定こども園教育保育要領・幼稚園教育要領」に示された「幼児期の終わりまでに育ってほしい10の姿」が参照元となるためです。

後ほどその十項目を振り返るとして、せっかくなので、その指針の中にある、もうひとつの見逃せない目安についてもここでご紹介したいと思います。それが「育みたい資質・能力」、通称「三本柱」と呼ばれるものです。具体的には「知識及び技能の基礎」「思考力、判断力、表現力等の基礎」「学びに向かう力、人間性等」のことで、これらの三つの資質・能力を子どもたちの生きる力のベースと見なし、目下、保育現場の最前線ではその発達を誰もが重要視しています。言い換えれば、教育サービスに携わる私たちが子どもたちに保証する「提供価値」ともいえるでしょう。

さらに詳しく三つの柱を見ていきたいと思います。「知識及び技能の基礎」とは、豊かな体験を通して子ども自身が感じたり、気付いたり、分かったり、できるようになったりすることで、個別の知識・スキルといわれています。「思考力、判断力、表現力等の基礎」は、気付いたことやできるようになった物事を駆使し、考えたり、試したり、工夫したり、表現したりすること。問題解決能力ともいわれ、得られた知識・技能をどう使うかが重要になります。そして「学びに向かう力、人間性等」は、前述の二つを方向付ける心情（さまざまな感情、感じる力）・意欲（やってみたい、もっとこうしたいという思い）・態度のことで、よりよき人生を歩もうとする意志ともいえます。

こうした三つの太い柱が内面にしっかりと打ち立てられたとき、子どもの心は健やかかつ揺るぎないものとなっていきます。そのため、幼児期にいかにして頼れる柱を築くかが保育者は問われており、実は「幼児期の終わりまでに育ってほしい10の姿」とは、そのためのチェックリストでもあるのです。

では、そんな前提で、改めて10の姿をそれぞれ振り返っていきたいと思います。

①「健康な心と体」(やりたいことに向かって心と体を十分に働かせ、見通しをもって行動し、自分で健康かつ安全な生活をつくる)

②「自立心」(自分の力で行うために自分で考え、工夫しながら、諦めずにやり遂げ、達成感を味わい、自信をもって行動する)

③「協同性」(友達と関わる中で互いの思いや考えを共有し、共通の目的の実現に向けて考えたり、工夫したり、協力したりし、充実感を皆で得る)

④「道徳性・規範意識の芽生え」(体験を重ねる中で、してよいことや悪いことが分かり、行動を振り返ったり、友達の気持ちに共感したり、相手の立場に立って行動できる。また、決まりを守る必要性が分かり、自分の気持ちを調整し友達と折り合いを付けながら新たなルールを作ったり守ったりする)

⑤「社会生活との関わり」（家族や地域の人とのふれあいを通じて、人との様々な関わり方に気付く。また園内外の多様な環境に関わる中で、遊びや生活に必要な情報を取り入れ、情報に基づき判断したり、伝えたり、活用したりして社会とのつながりを意識する）

⑥「思考力の芽生え」（物の性質や仕組みを感じ取ったり、考えたり、予測したり、工夫したりして、世界との多様な関わりを楽しむ。また、自分と異なる考えがあることに気付き、自ら判断したり、考え直したりする。新しい考えを生み出す喜びを味わいながら、自分の考えをよりよいものにする）

⑦「自然との関わり・生命尊重」（動植物とのふれあいを通じて自然の変化を感じ取り、好奇心や探求心をもって考え、言葉で表現しながら関心を高める。動植物に心動かされる中で、生命の不思議さや尊さに気付き、接し方を考え、命あるものとしていたわる）

⑧「数量や図形、標識や文字などへの関心・感覚」（遊びや生活の中で、数量や図形、標識や文字などに親しむ体験を重ねたり、標識や文字の役割に気付いたりして、自らの必要感に基づきそれらを活用する）

⑨「言葉による伝え合い」（保育者や友達と心を通わせる中で、絵本や物語に親しみながら、豊かな言葉や表現を身に付け、経験したことや考えたことを

伝えたり、相手の話を聞いたりして、言葉の伝え合いを楽しむ)
⑩「豊かな感性と表現」(心を動かす出来事に触れ、感性を働かせる中で、様々な素材の特徴や表現の仕方に気付く。感じたことや考えたことを自分で表現したり、友達同士で表現過程を楽しんだりし、表現する喜びを味わう)

これら十項目が健全に育まれる過程で、前述の「知識及び技能の基礎」「思考力、判断力、表現力等の基礎」「学びに向かう力、人間性等」がきちんと子どもの中に確立されていきます。よってこの十項目は、保育者のみならず、保護者の皆様にとっても意識したい指標といえるでしょう。

理事長先生は常々、こうした(ときに大上段に聞こえがちな、しかし大事な)公的指針をどのように表現すれば保護者や保育学生に伝えられるだろうかと頭を悩まされてきました。そして、職員室で交わされる無数の「こんなことあった」話にヒントを得て、この本を企画されました。「待っていました、こういうの!」と膝を打ったのは私だけではないと思います。理事長先生の、園児たちに負けないひらめき力と出版に踏み切る果敢さに惜しみない敬意を表したいと思います。

私たち保育者もまた人です。人が人を育てるからこそ面白い。面白いからもっと関わりたくなる。だから、私たちはプラス思考で子どもたちを観察し、応答し、互いに育み育まれていく存在でありたいと思っています。そして、この「育ってほしい10の姿」は子ども一人ひとりの生涯につながる姿ですから、私たち自身もこの視点で自らを振り返り、自己評価し、立て直すべきところは修正・加筆して子どもたちに接していきたいものです。未来ある子どもたちに携われる喜びを感じながら、ユーモアとしなやかさをもって全ての事柄に関わりたいですね。

四国大学短期大学部教授　中村真理子

参考文献

今井和子『0歳児から6歳児の自己肯定感を育む保育』小学館（二〇二二）

佐々木晃『0～5歳児の非認知的能力　事例でわかる！ 社会情動的スキルを育む保育』チャイルド本社（二〇一八）

井桁容子「主体的で豊かな乳児の遊びの世界」『発達　150』ミネルヴァ書房（二〇一七）

闕章信・兵頭惠子・髙橋かほる監修、公益財団法人幼少年教育研究所編著『遊びや生活のなかで〝10の姿〟を育む保育　事例で見る「幼児期の終わりまでに育ってほしい姿」』チャイルド本社（二〇一九）

無藤隆編著『10の姿プラス5・実践解説書』ひかりのくに（二〇一八）

厚生労働省、文部科学省、内閣府『幼保連携型認定こども園　教育・保育要領解説　平成30年3月』（二〇一八）

保育総合研究会監修『平成30年度施行　新要領・指針サポートブック』世界文化社（二〇一八）

河原紀子監修、港区保育を学ぶ会著『0歳～6歳　子どもの発達と保育の本　第2版』学研プラス（二〇一八）

深谷ベルタ『〝体験〟が感性を育む　造形あそび』風鳴舎（二〇一八）

塚本美知子編著『子ども理解と保育実践　子どもを知る・自分を知る』萌文書林（二〇一八）

ねやがわ寝屋の森こども園

〒572-0801
大阪府寝屋川市寝屋1-19-10
TEL 072-822-0045
https://kizuna-commu.jp/neya/

ねやがわ成美の森こども園

〒572-0043
大阪府寝屋川市錦町21-6
TEL 072-827-1330
https://kizuna-commu.jp/seibi/

ねやがわくこの木保育園

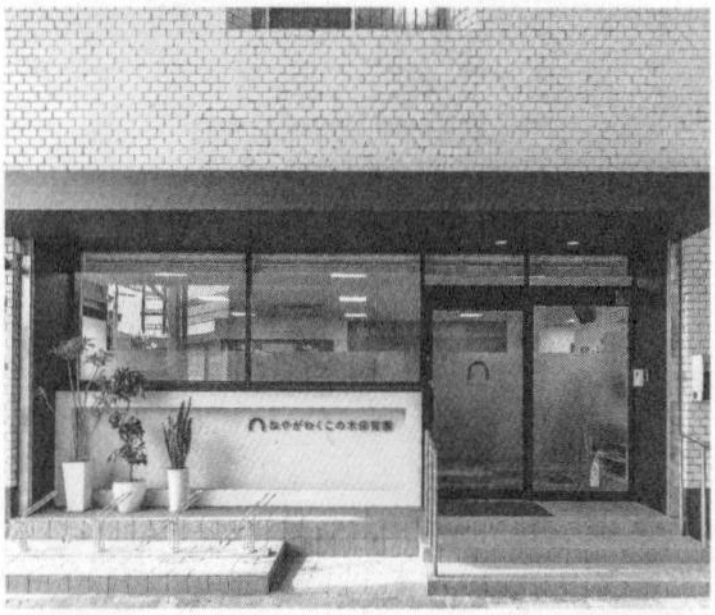

〒572-0042
大阪府寝屋川市東大利町11-11 1階
TEL 072-826-1022
https://kizuna-commu.jp/kuko/

こもれびこども教室

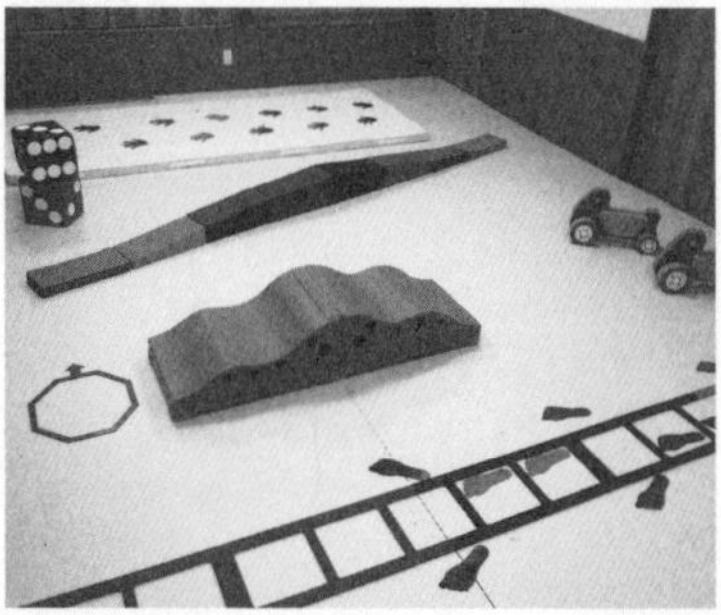

〒572-0042
大阪府寝屋川市東大利町11-11 2階
TEL 072-830-3230
https://kizuna-commu.jp/comorevi/

大阪誠昭会について

私たち大阪誠昭会が運営する認定こども園／保育園、さらに児童発達支援施設では、
ただ保育するだけではなく、子どもたちの小さなエピソードを大切にしています。

些細なエピソードをたくさん紡ぎ、大きな成長ストーリーを届けたい。

そして、当施設を中心としたコミュニティでかけがえのない経験を重ね、
心豊かな大人となる礎を築いてほしい。そんな願いを抱いています。

エピソードを生むのは、人とのつながりです。

友達、保護者、地域などとのつながりはやがて、もっと強くて太い、確かな"きずな"へ。

私たちは「7つのきずな」を大切にした乳幼児教育、福祉サービスを実践しています。

子どもたちにあたたかなきずなを。ご家族に子育ての楽しさを。それが、当会の目標です。

名称	社会福祉法人 大阪誠昭会（おおさかせいしょうかい）	
設立	昭和57年（1982年）3月27日	
理事長	田中 啓昭	
事業種別	学校・児童福祉施設2ヶ所、企業主導型保育施設1ヶ所、児童発達支援事業・放課後等デイサービス事業1ヶ所、病児保育事業（体調不良児対応型）、一時保育事業（幼稚園型・余裕型）	
沿革	1982年4月	社会福祉法人 大阪誠昭会を設立し寝屋保育園を開園（60名定員）
	2001年6月	寝屋保育園 大規模修繕工事
	2005年6月	大阪府知事から優良社会福祉法人として表彰
	2013年4月	寝屋川市立もくれん保育所を民営化移管先として受け入れ もくれん保育園を開園（90名定員）。病児保育事業を開始
	2015年2月	寝屋保育園 大規模修繕工事
	2015年3月	もくれん保育園 大規模修繕工事
	2015年4月	寝屋保育園を定員70名に、もくれん保育園を定員100名に増員
	2017年4月	寝屋保育園を幼保連携型認定こども園に 園名を「ねやがわ寝屋の森こども園」に変更し、定員を76名に増員
	2018年3月	企業主導型保育施設「ねやがわくこの木保育園」を開園（19名定員）
	2018年4月	もくれん保育園を幼保連携型認定こども園に 園名を「ねやがわ成美の森こども園」に変更し、定員を112名に増員 「ねやがわ寝屋の森こども園」・「ねやがわ成美の森こども園」で一時保育事業を開始
	2019年4月	「ねやがわ寝屋の森こども園」で病児保育事業を開始
	2020年4月	「ねやがわ寝屋の森こども園」を定員79名に増員
	2020年11月	大阪府社会福祉協議会優良施設会長表彰（ねやがわ寝屋の森こども園）
	2022年4月	児童発達支援・放課後等デイサービス「こもれびこども教室」寝屋川市駅前ルームを開設（定員10名）

ある10人のこども

2023年7月11日　第1刷発行

著者	社会福祉法人 大阪誠昭会
原案・解説	ねやがわ寝屋の森こども園：田中惠美、田中恵理子、山内菜美 永冨いづみ、上原茉友未 ねやがわ成美の森こども園：木下千夏、菅 鈴香、細木香奈子 ねやがわくこの木保育園：藤田奈那 こもれびこども教室：中尾絹代
監修	中村真理子（四国大学短期大学部教授）
協力	柿本拓也（幼年教育出版株式会社）
企画	田中啓昭、赤迫 仁
制作進行	原田直紀
アートディレクション	赤迫 仁、山東隆之
デザイン	三國玲衣奈、藤山めぐみ、水田大洋
文	久下裕二
イラスト	ルノアール兄弟
発行者	太田宏司郎
発行所	株式会社パレード　https://books.parade.co.jp 大阪本社：〒530-0021 大阪府大阪市北区浮田1-1-8 TEL 06-6485-0766 FAX 06-6485-0767 東京支社：〒151-0051 東京都渋谷区千駄ヶ谷2-10-7 TEL 03-5413-3285 FAX 03-5413-3286
発売所	株式会社星雲社（共同出版社・流通責任出版社） 〒112-0005 東京都文京区水道1-3-30 TEL 03-3868-3275 FAX 03-3868-6588
印刷・製本	株式会社サンニチ印刷

ISBN978-4-434-32306-5　C0037